高校日语教学与思维创新

华依莎 ◎ 著

中国书籍出版社
China Book Press

图书在版编目（CIP）数据

高校日语教学与思维创新 / 华依莎著 . -- 北京：中国书籍出版社 , 2024.4
ISBN 978-7-5068-9845-4

Ⅰ . ①高… Ⅱ . ①华… Ⅲ . ①日语－教学研究－高等学校 Ⅳ . ① H369.3

中国国家版本馆 CIP 数据核字 (2024) 第 080444 号

高校日语教学与思维创新
华依莎　著

图书策划	成晓春
责任编辑	李国永
封面设计	博健文化
责任印制	孙马飞　马　芝
出版发行	中国书籍出版社
地　　址	北京市丰台区三路居路 97 号（邮编：100073）
电　　话	（010）52257143（总编室）（010）52257140（发行部）
电子邮箱	eo@chinabp.com.cn
经　　销	全国新华书店
印　　刷	天津和萱印刷有限公司
开　　本	710 毫米 ×1000 毫米　1/16
字　　数	216 千字
印　　张	12.75
版　　次	2024 年 8 月第 1 版
印　　次	2024 年 8 月第 1 次印刷
书　　号	ISBN 978-7-5068-9845-4
定　　价	80.00 元

版权所有　翻印必究

前 言

进入21世纪,国内外形势发生了巨大变化。经济全球化和文化多样化的深入要求高等学校人才培养必须在跨文化交际能力培养和社会发展适应能力养成等多方面下功夫,以培养创新型人才。同时,国内高等教育从精英培养走向大众教育,传统人才的培养模式和方法也发生了巨大变化。外语专业教育必须审视新的国内外形势,思考人才培养的模式变化,加大教学改革和内涵发展的力度。中国的日语专业教学同样要面对新形势,接受新挑战。

近几年,国内日语专业学习人数的增加、专业日语教学规模的扩大、日语教育从业者的增长,凸显了专业日语教学蓬勃发展的同时,也暴露了许多矛盾。特别是在中日经济地位转变、中日相关人才培养多样化的新局势下,日语专业必须在新视野下探讨日语人才培养模式的转变。在日语教学过程中,日语教师要积极地培养学生的创新思维能力。为了达到这一目的,日语教师需要采用相应的教学方法。首先,日语教师需要致力于创建一个科学且全面的评估体系,以促进学生的全面成长和综合语言技能的实际运用。培养学生的日语语言技能和整体应用能力,也有助于提升他们的创新思维水平。这意味着日语教师需要引导学生重视了解日本文化的历史、背景及相关知识,具备文化认知能力和相关情感态度,并在教与学的过程中采用适当的教学策略。其次,日语教师需要使用多种思维训练方法来增强学生的创新思维能力。以多种形式进行交流,如自由讨论、小型戏剧表演、对话串联、视觉表达和解决质疑情境问题等,可以有效地激发学生的想象力和创新思维能力。最后,日语教师需要鼓励学生积极创新,并探索新思路和新方法,让他们在解决问题时尝试采用多种思维模式,例如横向、类比、逆向、联想等,以提升他们的创造性思维水平和创新能力。

本书共分为五章。第一章为绪论,主要阐述了日语教学要素分析、高校日语教学现状、创新思维概述。第二章为高校日语教学理论研究,主要阐述了高校日语教学法的科学内涵、高校日语教学法的基础理论、高校日语教学的基本原则、高校日语教学的目标体系、高校日语教学的相关要求。第三章为高校日语教学的内容，主要阐述了高校日语听力教学、高校日语口语教学、高校日语阅读教学、高校日语写作教学。第四章为高校日语教学的评价体系，主要阐述了形成性评价、表现性教学评价、混合式教学评价、"OPI"评价体系。第五章为高校日语教学的思维创新应用，主要阐述了思维创新在日语课堂教学中的应用思路、创新教育在日语教学中的应用、"图式理论＋合作学习法"思维在日语教学中的应用、OBE教育理念在日语教学中的应用。

  在撰写本书的过程中，作者参考了大量的学术文献，得到了许多专家学者的帮助，在此表示真诚感谢。本书内容系统全面，论述条理清晰、深入浅出，但由于作者水平有限，书中难免有疏漏之处，希望广大同行及时指正。

作者
2023 年 9 月

目 录

第一章 绪论···1
第一节 日语教学要素分析···1
第二节 高校日语教学现状··27
第三节 创新思维概述··31

第二章 高校日语教学理论研究··54
第一节 高校日语教学法的科学内涵·······································54
第二节 高校日语教学法的基础理论·······································64
第三节 高校日语教学的基本原则··70
第四节 高校日语教学的目标体系··84
第五节 高校日语教学的相关要求··90

第三章 高校日语教学的内容···93
第一节 高校日语听力教学··93
第二节 高校日语口语教学···113
第三节 高校日语阅读教学···129
第四节 高校日语写作教学···151

第四章 高校日语教学的评价体系···································170
第一节 形成性评价···170
第二节 表现性教学评价··173

第三节　混合式教学评价…………………………………………175
　　第四节　"OPI"评价体系…………………………………………178

第五章　高校日语教学的思维创新应用………………………………182
　　第一节　思维创新在日语课堂教学中的应用思路………………182
　　第二节　创新教育在日语教学中的应用…………………………184
　　第三节　"图式理论＋合作学习法"思维在日语教学中的应用…189
　　第四节　OBE教育理念在日语教学中的应用……………………191

参考文献…………………………………………………………………195

第一章 绪论

本章主要阐述日语教学要素分析、高校日语教学现状、创新思维概述。关于日语教学要素分析，着重从日语学习者、日语教师和日语课堂三方面入手，阐述影响日语教学的要素。高校日语教学现状则主要介绍当前日语教学存在的问题以及优化途径。创新思维概述，则是说明创新思维的本质与特征以及创新思维方法。

第一节 日语教学要素分析

一、日语学习者

（一）影响语言习得的个人因素

1. 学习观

早在几千年前，我们的老祖宗就对学习的观念与理念进行了阐述。在我国最早的教育学经典《礼记·学记》中，开宗明义："玉不琢，不成器，人不学，不知道"[①]，学习就是为了知"道"，"道"即做人之道、谋生之道、成器之道。在古人看来，学习最根本的意义就在于两个字：做人。"做人"是与"生活"区别开来的。"生活"的意义就是人为了"生存"在这个世界上而设法来维持自己的生命。而"做人"，则是要求人有更好的"生活"，要达到这个目的，就得"读书明理"。因为通过学习开发"智慧""智识"，就增加了"谋生"的"技术"和各种有利"谋生"的"智识"；明白了"道"之后，就能更好地处理人与人之间的关系，成为学习

---

① （西汉）戴圣. 礼记[M]. 西安：西安交通大学出版社，2022.

的贤者、智者。

今天,有的学者认为,学习观是指人们对学习的看法和态度,每个人都拥有独特的学习观。然而,有些人对自己的学习观比较了解,而有些人却并不太清楚自己有怎样的学习观。简单来说,学习观决定了人们在学习方面的一切行动,以及学习的目的、方向、过程、原则、方式和效果。"学习观是时代的反映、教育的结果、学习实践的产物。不同的时代、不同的教育和个人学习实践的不同,就形成了不同的学习观"[1]。

我国一些学者对学习观进行了深入研究,并给出了各自的定义。毛晋平认为,"学习观是人们对学习的看法,是关于学习的指导思想,它存在于每个人的头脑之中,影响着人们学习态度的树立、学习内容的选择、学习方法的改进等"[2]。刘道玉认为,"学习观是学习理论中的一个重要内容,是关于学生学习的指导思想,回答学生为什么学习、学习什么和如何学习等方面的问题。有什么样的学习观,就会有什么样的学习方法和学习效果"[3]。刘儒德认为,"学习观指的是学生个体对知识、学习现象和经验所持有的直觉认识,是在日常学习活动、课堂教学以及社会文化环境中逐渐形成的。每个学生都有一套自己的学习观,并用这套观念指导自己的学习活动以及对教师教学的评价。学生的学习观有些是合理的,有些则有待商榷,这些在无形之中都会影响到学生的学习行为、策略和效果"[4]。李壮认为,"学习观是学习者在其学习活动中形成的关于学习目标、学习内容与方法的一套认知方面的信念系统,是关系到学习者的人生方向、学习活动质量与学习效果的问题"[5]。根据教育学和心理学领域的相关研究,西方学者一般认为,学生的学习观是指他们对学习现象和经验产生的态度和采取的认知方式,这种态度和认知方式因个体而异,能够呈现出独特性。从本质上看,学习观是学生对于学习的认知和理解,它是构成学生先前学习经验的重要组成部分,并且具有元认知的特征,以学校的学习和教学实践为基础,随着不断深化和变化的实践经验而不断改进和

---

[1] 朱本,汪幼芳.大学生的学习观和学习方法[J].齐鲁学刊,1985(06):108-114.
[2] 毛晋平.学习与建构:论大学生的学会学习[M].长沙:湖南教育出版社,2002.
[3] 刘道玉.面向21世纪大学生的学习观[J].高等教育研究,2002(04):74-78.
[4] 刘儒德.大学生的学习观[J].高等教育研究,2002(04):74-78.
[5] 李壮.关于大学生学习观的思考[J].琼州大学学报,2002(05):40-41.

发展。对于学生来说，学习观对于他们激发学习动力、做出学习行为、规划学习策略以及取得学习成绩是至关重要的。

2. 学习动机

（1）学习动机简述

"动机"一词可以追溯到拉丁文"movere"，并且在心理学领域中，它一直是一个核心主题。该词在20世纪30年代被正式提出。在过去的动机研究中，很多心理学家将哲学观念应用于研究框架，从而创建了关于意志和本能这两个极为重要的动机概念。按照他们的说法，人类的心理构成具备三种核心属性，分别是认知（知）、情绪（情）和意（动机），三者缺一不可。这一理论可以追溯至20世纪的行为主义，其主要观点是行为是基于对外部环境刺激而作出的反应。根据这一事实，一些学者提出了"驱力"理论，以说明内部状态如何决定行为的产生。20世纪六七十年代，认知主义变得更加热门，研究人员开始更加注重深入研究行为的动机。最近几年，学者们日益重视学习动机在教育领域的应用，认为其是解释个人学习行为和变化的一种答案，也是影响学习效率水平的关键心理现象和状态。现代教育心理学认为，具备多维性特征和复杂性特征的学习动机可能有多种含义。

日语学习按照学习目的的类别特点分成四类，即知识型、实利型、交流型和其他（表1-1-1）。

表1-1-1 日语学习目的的分类

知识型	对文化、历史、文学的关心
	对政治、经济、社会的关心
	对科学技术的关心
	对日语本身的兴趣
实利型	准备考试（大学等）
	去日本留学
	现在的工作需要
	将来的就业

续表

交流型	去日本观光旅游
	和日本亲善交流
	用日语交流
	国际理解、跨文化理解
其他	母语或继承语
	家人、亲属的建议

3. 学习策略

1958年，信息加工心理学的奠基人纽厄尔（Newell）、西蒙（Simon）、肖（Shaw）发明了"人脑学习过程"的概念，强调采用符号信息加工方式来模拟人类大脑的学习过程，即所谓的"学习策略"。在此基础上，许多国内外学术专家对学习策略进行了深入探究。杜菲（Duffy）认为，"学习策略是内隐的学习规则系统"。里格尼（Rigney）认为，"学习策略指的是学生用于获取、保存与提取知识和作业的各种操作的程序"[1]。莫雷认为，"学习策略指的是在学习过程中，学习者为达成有效学习的目的而采用的规则、方法、技巧及其调控方法的综合"[2]。陈琦、刘儒德认为，"学习策略指的是学习者为提高学习的效果和效率，有目的、有意识地制订有关学习过程的复杂方案"[3]。这意味着人们不再局限于关注学习策略的作用，而开始强调认知本身及其调控方面所能产生的影响。从20世纪中期开始，研究学习策略的领域一直在不断发展，相关学者探讨了许多方面的内容，如概念、结构和模型、特征、发展历程以及理论基础等。丹瑟洛（Dansereau）等人基于理论在认知环境中的假设，创造了MURDER学习策略框架理论。该理论认为，学习策略包括两部分，分别是基本策略与支持策略。威尔伯特·麦基奇（Wilbert Mackeachie）等人认为，"学习策略包括认知策略、元认知策略、资源管理策略"[4]。学习策略在国内的研究领域内被划分成四种不同的类型，具体包括元认知策略、认知策略、动机策略和社会策略，这些分类用以描述不同的学习方

---

[1] 史耀芳. 20世纪国内外学习策略研究概述 [J]. 心理科学，2001，24（5）：586-590.
[2] 莫雷. 教育心理学 [M]. 北京：教育科学出版社，2007.
[3] 陈琦，刘儒德. 当代教育心理学（修订版）[M]. 北京：北京师范大学出版社，2007.
[4] 莫雷. 教育心理学 [M]. 北京：教育科学出版社，2007.

法。学术界普遍认为，就学习策略特征而言，学习策略会随着时间的推移逐渐演变，进而呈现出不同阶段的特征，比如操作性特征、监控性特征、外显性特征、内隐性特征、主动性特征、迁徙性特征等。此外，学习策略还具备帮助个体在不同层次上进行表达的能力，以及自主性特征、有效性特征、过程性特征和程序性特征。中国相对较晚开始研究学习策略，国内研究者在学习策略的定义、分类、结构和发展趋势等方面开展的研究，广泛吸收和借鉴了国外研究成果。目前在国内，教育界主要以中小学生为研究对象，着眼于各个学科的具体学习策略的探究。随着对学习方式的深入研究和我国高等教育的进一步发展，越来越多的人开始关注大学生学习策略的相关进展。从宏观角度上看，我们需要改善大学生的学习策略，包括改善其研究的质量和数量、改善研究方法，同时提升研究成果的科学水平。麦基奇等人提出了学习策略理论，他们从认知策略、元认知策略和资源管理策略三个方面来划分学习策略。认知策略包括复述、深思熟虑和分类整理等信息处理策略，这些策略能协助我们更有效地处理信息。其中，元认知策略指的是个体在信息加工过程中运用一定方法进行调控。其中，元认知指的是个体理解自己的学习方式和知识，并了解自己的认知能力。它描述了人们对自身思维过程的理解。元认知包括策划、监测和调整等策略。资源管理策略的目标是打造一个适宜的学习环境，帮助学习者更高效地掌握知识。该策略包括时间管理、学习环境管理、努力和寻求支持等策略。这些策略能够帮助学习者充分利用所处的环境和周围条件，以促进他们学习进程的发展。

4. 学习风格

20世纪50年代，美国学者泰伦（Thelen）第一次提出了"学习风格"这一概念。到目前为止，学习风格理论模式已经发展出十多种。它们被广泛地应用在教学实践中。尽管对于学习风格的理解存在差异，但是研究者们普遍认为，可以将其分为三种类型：认知导向理论、个性导向理论和以学习为中心的理论。在这三个类型中，以学习为中心的理论核心在于研究如何在教学过程中考虑每个学生的特点和差异，以更好地促进他们学习的进步。库伯（Kolb）的研究成果在学习风格的所有研究中备受瞩目。根据库伯的看法，知识的创造是通过经验所得的学习过程实现的；学习风格是指个体对于认知和信息处理的偏好方式，它是学习周期中的一个重要组成部分，能够持续地循环影响学习的过程。学习的过程由四个相互作用、相互关联的部分组成，分别是经验、反思观察、抽象概括和主动实验。在具体的经验学习阶段，学习者需要通过亲身体验来增强学习效果，以此发散思维、适应变化。这种"感受"学习方式能够使学习者更为深刻地理解知识。在反思观察的探究阶段，要重视通过多角度的观察，全面思考问题并理解所学内容。在抽象概括阶段，学习者需要认真思考并以逻辑严密的方法对问题进行分析，还应该运用已经学过的知识对现学知识进行探索和深入研究，并以创造性的方式进行思考。在主动实验阶段，教师需要鼓励学习者通过实践来学习，探索具体的方法以解决实际的学习难题。库伯的学习周期理论随着时间的推移，慢慢演化出适应性学习的四种模式，具体包括：具体经验、反思观察、抽象概括和主动实验。在表达个人偏好和学习方式时，可以使用具体经验和抽象概括理论，来向人们呈现个体基于感知环境的偏好、经验的把握所选择的学习方式的两个端点。另外两个端点则是反思观察与主动实验，它们可以向人们呈现个体基于信息加工的偏好、信息转化所选择的学习方式。可以从知觉角度和加工角度出发，对这四个环节进行阐述。知觉角度描述思维是具体或抽象的，而加工角度则描述信息处理是更倾向于主动或反思型的。如图1-1-1所示，其中包含四种不同的学习风格，这些风格是人们将抽象概括转化为具体实践，并通过开展主动思考反思的信息加工活动获得的。

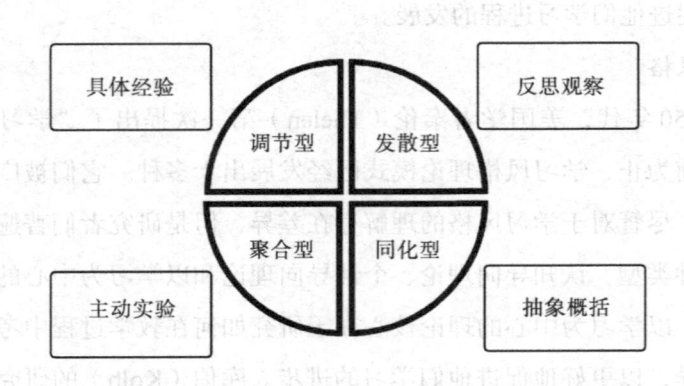

图 1-1-1 学习周期与学习风格类型

每位学习者都拥有独特的感知和信息处理方式，这就使得他们在上图中占据特定位置，并能呈现独特的学习风格。每个学习者都有自己对某一维度的偏好，这决定了不同个体在不同强度上会产生独特的学习风格。因此，即使两个学习者的风格相似，他们之间仍可能存在显著的差异。如图 1-1-1 所示，我们可以推断出库伯将学生们的学习方式分为了四种类型，分别为发散型、聚合型、同化型和调节型。那些具有发散型学习风格的人常常会在学习过程中把握具体细节，他们善于深度分析和加工自己所接收的信息。并且，这些学习者通常需要独立进行学习活动。对于聚合型学习者而言，他们倾向于采用抽象化的方式来感知信息，并会通过反思性的加工来理解信息。为了更好地进行思考，他们通常会采用细致有序的方法来加工信息。同化型学习者倾向于采用抽象思维方式来感知信息，并对其加以积极加工。这类学习者更看重所学知识对于解决实际问题的帮助。调节型学习者习惯于以具体的方式思考信息，他们会主动感知并加工特定信息。他们在学习中喜欢尝试新的方法，其学习活动非常灵活。深入研究学习过程有助于学生更好地理解学习的本质，并且能够对学生的学习行为提供指导，进而帮助他们掌握学习规律，掌握有效的学习方法。为了实现这一目标，库伯提出了适应不同学习风格和特点的调整方法，旨在让学生发挥自身优势，提升学习成效。

（二）日语学习者的特点

美国著名的语言教育家克拉申（Krashen）指出，理想的外语学习者如下。

（1）学习者有强烈的学习动机；

（2）学习者充满信心；

（3）学习者没有过高或者过低的焦虑感；

（4）通过积极使用外语学习语言。也就是说，想要让学习者学好日语，就要为他们提供心情舒畅、无焦虑感的学习环境，多进行语言交流习得外语，以减少学习的部分。

鲁宾（Rubin）进行了一系列有关"理想的日语学习者"的研究。鲁宾总结了 7 条理想的日语学习者的学习策略。

（1）积极使用推理、推论；

（2）心理上的抑制较少；

7

（3）对语言交流具有较高的积极性；

（4）注重语言形式；

（5）不讨厌语言练习；

（6）监控自己和他人所说的语言，从偏误中进行学习；

（7）注重语义的学习。

（1）中提及的依靠推理、推论指的是即使有稍微不明白的地方，也不会焦躁，而是会通过上下文理解语义。（2）中提及的抑制指的是心理上的阻碍，即自我防卫。（3）（5）（7）说的是为了能与他人建立起人际关系而积极地使用外语，或者在说话的时候注重表达的内容。尽管它们都与"习得"有关，但是我们也不能忽视"学习"的作用。这是因为学习者判断、监控所说的话是否符合语法规则与学习有着密切的相关，如（4）（6）。由此看出，日语教师帮助学生开展这样的学习是其重要的责任。

二、日语教师

（一）日语教师的基本能力

1. 日语教师的智力

（1）日语教师的观察能力

日语教师对学生进行观察的能力可从以下三个角度得到表现：快速准确、细致深入、全面客观。日语教师必须敏锐地观察学生的瞬间表情和细微的行为变化，以便及时采取措施，如调整教学材料，或稍作教学停顿，改变课堂教学气氛，以便及时吸引学生的注意，完成教学任务。观察准确是指日语教师要能透过现象看到事物的本质，全面了解学生的心理状态、特质、学习环境等多方面信息，以适应不同学生的需求。此外，在分析学生的学习情况时，日语教师还需留意他们的面部表情、动作姿态和语言使用等方面的细节，从而对学生更全面、准确地进行了解，为自己制定最恰当的教学策略和方法提供可靠的依据。观察细致是观察学生语言、行为、衣着和态度的细微变化，从而准确地掌握学生的思想状况。日语教师应该善于发现每个学生的亮点，因为教师对学生的评价有时会影响学生的发展。观察深入是指日语教师要了解学生处于成长期、心理稳定性较弱、容易情绪波动的情况,不能以一时一事的观察下结论。对学生的观察可以是课堂上,也可以是课下;可以是群体活动,也可以是个体活动。还要承认学生正处于成长发展阶段,需要对学生进行长时间的反复观察,才能做到深入了解。日语教师对学生的观察还要包括校内和校外,要了解他的同学、家长、其他任课教师,只有这样才有可能全面客观地认识学生。

（2）日语教师的思维能力

思维能力是指大脑对客观事物进行分析、综合、判断、推理和反应的能力。日语教师需要具备五种思维能力,包括反应迅速、思维开阔、深刻洞察、逻辑清晰和创新精神。思维的敏捷性主要指日语教师从事智力活动的灵敏程度,这种特性可以帮助日语教师迅速适应不确定的情况,并使其能够根据新情况灵活地调整自己的思路,从而保证教育和教学活动的顺利进行。思维的广阔性特征代表日语教师在处理问题时的多元化思考能力,这种能力能够帮助他们从不同的角度、运用不同的方式、从不同途径入手来看待和解决问题。思维的深刻性是指日语教师遇事能一眼看出问题的本质,不被表象迷惑。这一能力可以帮助日语教师将教材中抽象概括的规律性知识进行深度理解,深入浅出地传授给学生。思维的条理性是指日语教师讲述问题、处理事情时要思路清晰、有条不紊,连贯严密。这有助于日语教师在课堂教学、阅读提高等方面做到井然有序、事半功倍。在教授日语知识和技能时,日语教师需要具备创造性思维,要能够根据学生的实际情况整合和提炼知识,使学生对其能够轻松理解和接受。日语教师授课能力的高低主要取决于其创造性思维水平的高低。

（3）日语教师的想象能力

日语教师在理解教材、教学设计、课堂教学都离不开想象力。日语教师的想象力一要丰富,二要合理,三要新颖。日语教师在解读日文诗歌、小说、散文时,利用想象和描绘,可以带领学生进入如诗如画的意境;在讲解日本历史、地理时可利用地图和形象化的暗示或描述,帮助学生在大脑中再现自然界的形象和历史上的生活情境。但是想象要合情合理、有根有据,不能脱离事实和学生实际。想象要新颖是指不仅依赖教科书中现成的资料,还要利用互联网教学平台、漫画等学生喜闻乐见的素材，帮助他们理解枯燥抽象的知识，使他们的思维更加活跃。

（4）日语教师的记忆能力

记忆能力是人脑储存、反映已有经验和知识信息的能力。具备良好的记忆力是教师职业的固有要求。日语教师的记忆力可以概括为准确、迅速、持久、系统、广阔。准确是记忆的前提。记忆一般有三个基本过程：识记、保存、回忆或再现。后两个过程都以第一个过程为基础，识记准确才能做到保存和回忆准确。首次识记的准确性对准确记忆意义重大。在信息化发展时代，新知识层出不穷，日语词汇、日本社会文化的发展，对日语教师的记忆量、记忆速度也提出了新要求。生理心理学告诉我们，人对事物的识记都不是永恒、一成不变的，人在记忆过程中由于新旧知识的干扰以及自身记忆功能的变化，遗忘或暂时性遗忘是存在的。因此，教师要不断学习，温故知新，克服遗忘，对专业知识努力保持持久记忆。关于记忆的"刺激—反应"理论，强调人在记忆过程中首次接受的知识对人脑刺激越强烈，记忆的痕迹越深刻。但是，人脑对刺激的接受不全是被动消极的，能够长时记忆下来的东西许多还是经过人脑思维对信息编码后，有序地储存在记忆中的。了解人类的记忆特点，学习新知识时注意知识的系统性，做到系统记忆，对克服遗忘有重要作用。

2. 日语教师的审美能力

（1）感受美的能力

感受美的能力指的是人们通过自我感知和体验，对美感对象进行审美评价和感受的能力。对于日语教师而言，他们需要具备发现教材美学内涵的能力，并从教学角度出发，开阔学生视野、增强学生求知欲，并深入探究教学内容。换言之，从美学角度把课讲得更有深度，从而扩大学生的视野范围，使他们的求知欲更为强烈。

（2）鉴赏美的能力

所谓鉴赏美的能力，即为审美能力，指审美者基于个人生活经验和艺术修养，观赏和品味美的对象，并作出相应的评价的一种能力。日语教师需要准确地评估教材中形象和内涵的美感，以帮助学生树立正确的审美观，让他们认识到真、善、美三个方面的重要性。这是其审美判断能力的主要体现。

（3）表达美的能力

表达美的能力是指利用诸如语言、文字、音乐和绘画等手段来传达自然、人文和艺术等领域的美的能力，它能够帮助人们引导公众感受这份美好。教师因职业特质，需要具备能够表达、再现和创造美的能力。为了激发学生的学习热情，日语教师需要根据课程特点和知识结构，巧妙地运用各种表达美感的方式，生动形象地展现教材中的美感内涵。

3. 日语教师的表达能力

（1）日语教师的口语表达能力

日语教师的口语表达能力是指在授课过程中，日语教师使用流畅清晰的口语表达传递教材信息，以鼓励学生积极思考并提高他们参与学习活动的能力。日语教师的口语表达能力在日语课堂教学中发挥着引领示范作用，对于没有语言环境的日语语言教学来说，作用更是显著。现代化教学手段得到了广泛应用，这确实在某种程度上改变了传统课堂教学的单向灌输模式。但是这些手段不足以取代师生之间的面对面交流和互动。我们若想成为优秀的日语教师，就需要具备多个方面的能力和素质，包括准确、精细的语言运用能力；足够严谨、逻辑性强的教学思维；有力的演讲技巧和精湛、动人的表达能力；充满情感、富有感染力的艺术创造力。教师向学生传授的知识具有严格的科学性，只有用准确严密的语言表述，才能让学生正确理解知识，在课堂教学中日语教师更要注意自身语言的规范性和示范性。教材是用规范的书面语言表达严整的知识体系，有些语句语段内涵丰富，对于学生来说，直接读未必能够做到准确理解、记住。这就要求日语教师能把某些概括性强的语言表述得明确、具体、通俗，尽量用直观性强的语言，把内容描述得生动，借助幽默的讲解增加讲授内容的形象性和鲜明性，让学生一听就懂、印象深刻、记忆持久。教师职业要求教师口语都要合乎语言规范，语言表达要条理清晰、逻辑严密、语意流畅。日语教师在运用语言的时候要细加斟酌、选择，以鼓励为主，使用批评的语言绝对不能伤害学生的自尊心、上进心。日语教师需要注意课堂教学使用的日语语言的语音、语调，同时还要注意音量、语速、节奏，既要符合学生的日语水平，又要符合日语日常表达特点，做到抑扬顿挫、疏密有致、刚柔并济，符合教材内容及所表现的男女老幼的特点，这样才能使课堂教学深刻、形象、生动。

（2）日语教师的体语表现能力

人们可以以特定体态、特定表情、特定动作传达某些信息，这种无声无字的交流就是"身体语言"。日语教师的体语主要通过眼睛、面部表情和动作姿势来表达。日语教师在开展课堂教学时，要做到合理管理目光、面部表情、姿势动作。目光分配合理是指教师要尽可能关注到所有学生，而学生透过教师的目光，会产生被吸引、想亲近、受尊重的情感体验，这有助于建立良好的师生关系。作为人类个体，我们可以运用变换面部形态、面部色彩的方式，向别人精准传达一些难以用语言展现出来的思想情感。有些时候，这些思想情感比较复杂、深刻、微妙。学生在课堂上可以从教师面部表情上获得信息，以确定自己做出怎样的反应。因此，日语教师的面部表情要自然，表里如一；要适度，喜怒哀乐有控制；要温和，平易近人。这样会有助于打开师生情感交流之门，降低学生对教师的恐惧心理。在课堂教学中，日语教师处于学生注目的中心，一招一式、一举一动都具有鲜明的直观性，因此要多加注意自己的动作姿势。日语教师的动作、姿势主要是指手、手臂的动作和站立的姿势。课堂上，日语教师的手势动作不宜过多，要有助于传递微妙信息，激发学生想象力，推动学生思考，加深学生情感体验，使其能服从教学需要。在使用动作时要准确、有分寸、不夸张、力度适当。

4. 日语教师的教育能力

日语教师的教育能力不取决于他们所掌握的特定教材的知识，而在于他们培养新一代学生在现代社会和未来发光发热的能力，这是任何为人师者都必须具备的能力。

（1）全面了解学生的能力

日语教师应该具备一种能力，即全面了解学生的个性特点、心理素质、道德行为、学习能力以及身体状况等情况，以便能够有针对性地开展教学并为他们提供更加有效的帮助，这就是所谓的"全面了解学生的能力"。了解是教育的前提，只有从宏观到微观都了解学生，才能有的放矢地实施教育，从而获得理想的教育效果。另外，了解学生要做到了解学生整体和个体。

①了解学生的整体

要了解当代学生个性特征的显著变化,如独生子女与非独生子女的个性差异、城乡环境差异带来的学生差异等;要了解当代学生的道德意识、审美观与上代人的差异;要了解大学生思维状况的微妙变化,如电视、电脑对人的大脑右半球的刺激,促使他们视觉成像的右半脑日益发达,且其大脑左半球有退化的倾向,从而带来厌学、不愿苦学的倾向;了解家庭和同伴对学生影响的差异。

②了解学生的个体。

了解学生的内心需求和爱好特长,了解学生个体的学习表现及品行修养,了解学生的学习能力和学习动因,了解学生的心理素质。

（2）正确评价学生的能力

正确评价学生的能力是指日语教师在全面了解学生德智体美劳的前提下,按照一定标准,对学生作出客观的评价。对学生进行客观准确的评价是采取正确教育措施的基础和前提,而准确公正地评价学生,是日语教师必须具备的教育能力之一。

日语教师在评价学生时要注意客观性和公正性,了解学生渴望正面评价的特殊心理,日语教师在评价学生时要克服如"第一印象决定一切"等心理偏见,准确把握好积极评价和消极评价的使用度,做到准确适宜、恰如其分。日语教师在评价时还要注意评价的激励作用,无论是评价内容还是评价语言,都要注意其激励性价值,好的评语应该是哲理诗,言有尽而意无穷;应该是进行曲,振奋人心,催人向上;应该使人明理悟道;应该是箴言,促人警醒奋进。

（3）对学生进行生存教育的能力

生存教育是指为使学生适应社会环境的正常需要而进行的生存意识、生存能力的培养过程。学生的生存能力主要体现在三个方面:①生理健康,且善于保护自己;②心理健康,且善于和他人合作;③道德健康,能处处与人为善。培养学生的生存能力是当代教育的重要内容之一。对学生进行生存教育的能力是当代教师能力结构的重要组成部分。对学生进行生存教育时,教师首先要能培养学生的生存意识。对于缺少生活阅历的青年学生来说,他们对生存能力的重要性既无感性体验,又无理性认识。这就要求日语教师能够通过正向事例、反向事例以及相关教育帮助学生明白。作为一个有较强生存能力的人要具备"五自"，即自尊、自知、自制、自治、自修，有了这"五自"，在人格上能高洁儒雅，在心理上能坦荡磊落，在品德上能傲然独立，在体魄上能康健强壮。其次，日语教师还要在日常生活中培养学生的生存能力。第一，能对学生进行生存方法的指导，如指导学生如何保持心理健康和拥有乐观豁达的胸襟；在逆境中如何生存；平时如何与同学、家长、教师相处；如何强身健体，预防疾病；如何加强个人思想修养，塑造优秀品质和健康人格等。第二，能及时帮助学生解决问题，帮助他们增强应对可能出现的挫折的心理调适能力。第三，能以身作则，对学生形成潜移默化的影响。

（4）指导学生与人交往的正面能力

交往是社会关系和人际关系的直接体现。学生的交往有横向和纵向之分，横向如同学、同龄人之间的交往，纵向的如师生交往、与父母长辈之间的交往等。教师在指导学生与人交往时，必须具备如下能力：首先，能使学生懂得文明交往，这有助于自我需求满足、全面认识自我、实现自我完善，提升学生交往的主动性，引导学生向自主交往发展；其次，要能帮助学生排除交往中"重视他人对自我的理解、忽视自我理解他人"的心理障碍，帮助学生体会营造相互理解、相互尊重的和谐、融洽交往氛围的重要性；再次，能为学生创设良好的交往情境，在校内通过举办"主题班会"等学生活动，为以独生子女为主流的学生增加交往机会，帮助他们增强交往意识，积累交往经验；最后，能指导学生掌握诚信正直、明辨是非、相互激励、共同进步的交往原则，培养学生形成健全的交往人格和品质。

（5）教师的身教能力

教师的身教能力是指他们在责任心和使命感的支持下，通过展现自己的操守、知识、人品和仪容风度，从正面影响学生并发挥教化作用的能力。教师身教的能力要求日语教师能做到充满活力、热情、宽宏大量、谦卑，以人格的力量感染学生，还能重视个人专业素质的提高，不断更新知识结构，能够以学识的力量教育学生。同时需要教师身先士卒，以行动的力量激励学生，这比空洞的说教更有效力。

（二）日语教师的教学

1. 日语教师的教学设计

（1）掌握和运用课程标准（教学大纲）

主要指日语教师能依据课程标准（教学大纲），确定教学目标，明确教学改革方向，厘清知识结构，把握教学重点。

（2）掌握和运用教材

主要指日语教师能理解教材的特点，能分析教材的内涵，能把握教材的重点、难点和关键处，能理清教材的知识点。

（3）编写教案

主要指教师能掌握编写教案的科学性、实用性、针对性、创建性原则，能正确表述教学目标，能把握教材重点、难点，能精巧设计教学过程，能熟悉教案基本格式。

2. 日语教师的教学实施

（1）因材施教

因材施教是一种以学生为中心的教学方法，它要求教师根据学生的实际情况和特点，采用适合他们的不同方法，从而达成有效的教育目的。日语教师的因材施教能力主要体现在能定向导学、因人施教；能对不同类别的学生进行分层施教；能发展学生特长，培养拔尖人才。

（2）实现教学目标

教学目标是教师和学生在教学过程中预期要达成的结果或标准，其能够确保教学任务的完成。教学目标是帮助教师确定指导和方向，激发他们的教学潜力，以提高教学效果。此外，教学目标还能够帮助学生更好地学习，并能够对其提出一定的要求，以引导学生实现学习目标。

日语教师实现教学目标包括以下几点。

①能够精确地制定教学目标。在制定教学目标时，日语教师需要全面考虑多方面的内容，以确保教学目标的层次清晰、实现难度可接受、具体内容可被理解。

②能恰当表述教学目标。日语教师要注意到表述教学目标的主体是教学活动的主体，即学生，还要注意表述教学目标时要突出目标的导向性、易操作性特征。日语教师要做到：教学目标是教学内容的纲领性要点，教学目标是教学活动的指向性程序，教学目标是学生学习的激励性阶梯，教学目标是教学结果的评价性标准。

③能优化达标教学过程。教学过程的科学流程是"前提测评—认定目标—导学达标—达标测评"。

④能掌握教学评价的方式、标准。例如，引入形成性评价理论做课程达标和单元达标；引入达成性评价理论做课时级（用课堂观察、提问、练习、测试）达成评价和单元级（单元测试）达成评价。日语教师还必须熟悉"面向全体学生、促进学生全面发展"的教学质量评价标准。

（3）选择、运用教学方法

①能掌握选择教学方法的标准。日语教师要做到能根据教学目标是知识信息方面的，还是认知技能、情感态度方面的来选择教学方法；也能够根据学生心理特点、知识基础来选择教学方法；还能够根据学科特点选择教学方法。

②能了解选择教学方法的程序。著名教育学家巴班斯基（Babanski）归纳出教师选择教学方法的一般程序：是决定选择学生独立学习法，还是选择教师指导法；是决定选择再现法，还是选择探索法；是决定选择归纳法，还是演绎法；决定关于口述、直观法和实际操作法如何结合的问题；决定关于选择检查和自我检查的方法问题；认真考虑各种方法相结合的不同方案。

③能使教法和学法相契合。日语教师应该根据学生的认知规律和思维规律来选择教学方法，并确保教学方式与学生的学习方式相匹配，以逐步增强学生自学的能力。

（4）激发学生学习兴趣

兴趣是人接触和认识某种事物的积极态度，是推动学习活动的内在动力。日语教师激发学生兴趣的方法主要包括：以感情打动学生；以新奇刺激学生的好奇心；以演示吸引学生参与；以调整教法帮助学生解决学习疲劳、注意力分散等问题。

（5）指导学生学习方法

日语教师指导学生采取正确学习方法主要包括：示范引导，授之以学法；依据教材，展示学法；总结规律，揭示学法；设计练习，巩固学法；区别情况，指导学法。

（6）指导学生学习迁移

迁移指的是学生在学习过程中已经获得的知识和技能对于其新的学习任务产生的影响，它会影响学生在学习新知识、新技能时的表现。正迁移对于学生开展新知识和新技能的学习具有积极的推动作用，而负迁移则会产生抑制作用。

（三）如何成为理想的日语教师

迫田（Sakoda）指出，"'灵活性'对成为一个理想的日语教师是非常重要的"[1]。作为日语教师，怎样才能加强自己的"灵活性"呢？接下来，根据迫田（Sakoda）的论述，总结出日语教师日常应该加强以下方面的意识。

1. 站在学生的角度考虑问题

从学生的角度出发，在多个方面为学生考虑。经验较少的教师会在教育方法和制作教材上投入过多的精力，容易为了自己能够自如地使用日语而忽略了学生是否能够完全理解，有可能在没有给予学生足够的日语输入的情况下就让学生进行句型练习等。监控理论主张应该在给予学生充分输入的前提下，排除学生不必要的不安，进而促进学生的习得。关键是要在仔细观察学生的习得情况的基础上，准备教学方法和教材。在引领日语教育的木村宗男先生的演讲中有人提出了"为了成为一名优秀的日语教师应该留意哪些方面？"这一问题。木村宗男先生的回答是："准备要充分，上课要大胆。"在上课前，日语教师要考虑按照当前的教学进度以及当天需要导入的教学内容，通过什么教材和课堂活动进行教学指导，这些需要严谨的计划和精心的准备。怎样复习，怎样从复习内容过渡到新内容，如何将授课中所使用的单词与教材联系起来。为了更贴近现实中的场景，在词汇的选择上也需要下功夫。并且，为了引导学生运用课堂中导入的内容，不能只进行

---

[1] 王冲，洪春子. 基于 PAC 分析的学习者心目中优秀日语教师形象研究 [J]. 东北亚外语研究，2013（02）：71-76.

机械的反复练习，而是需要思考如何进行更加贴近会话交流的练习模式。如果学生的状态不佳或者之前所教的内容完全没有被掌握，日语教师就应该立即变换授课内容，对学生没能掌握的知识进行练习。日语教师要时刻关注学生的状况，进行符合当时情况的教学指导，以体现教学的弹性。

2. 从学生的偏误中学习

学生的偏误对于教师来说非常重要。因为偏误是学生在习得阶段过程中对现阶段习得状况的反应，思考其原因及对策是教学中非常重要的一环。日语教师应该留意学生的反应和所使用的词汇表达，仔细阅读学生所写的作文。因为偏误是在学习第二语言的过程中必然会发生的现象，也是学习的一种证明，所以即使学生产生了偏误也不需要焦虑，重要的是要留意产生偏误的原因及对策。从现有的日语第二语言习得研究的结果我们能够清楚地知道，从学习的初级阶段到高级阶段，会出现各种各样的偏误，其出现的方式也各不相同。在改错测试中，学生能够改正错误的语言项目，但在对话采访或是听力测试中，有时会出现偏误，不同的测试方法会出现不同的偏误，也就是会出现变异现象。这一结果揭示了在日语教学中需要注意的很重要的一点，即：虽然学生考试成绩高，且已经完全理解了考试内容，但是不能说明他能够很好地运用日语、讲日语。同样地，在课堂中学生说出错误的日语，也不意味着他们没有理解语言知识。换句话说，不会运用，不代表不具备相关知识。知道和会运用是两回事，很多时候作为知识虽然理解了，但是运用起来还是很难。因此，在教学指导时，日语教师应该注意知识与运用的结合。很多日语教师是通过观察学生的偏误探索来决定如何授课的。

第二语言习得可以在实际的日语教学中发现问题并对其进行研究。因此，从这一点来看，第二语言习得研究与实际的教学是密切相关的。以实际教学中发现的问题为出发点，通过验证学者所取得的成果，将教学与科研很好地结合起来。并且，通过实际教学发现问题，教师自身为了对其进行改善而进行各种尝试，从这点来说，日语教育的研究还可以作为一种行动研究。实际上，第二语言习得需要通过行动研究才能将其成果展示出来。

3. 不断追求自我完善

为了顺应学习者的多元化和学习过程的多元化，日语教师要不断地提升自己、完善自己，也就是说日语教师要不断进行自我发展。作为日语教师，掌握日语的基本语言能力进行教案制作、教材编辑、提升课堂指导能力固然很重要，但是在这之前，日语教师为了进行自我完善需要时刻加强以下意识。

（1）要有日语意识

作为日语教师，具备优美的日语发音、有关音声学的知识，简洁明了的语法讲解能力以及语言学的相关知识十分重要。日语教师要时刻积累日语相关知识。

（2）要有意识地提高自己的交际能力

日语教师是课堂的指挥者，是日语学习的引导者。因此，作为日语教师应具有最基本的与他人沟通的能力。除此之外，日语教师的语音、语速、语调以及表情都会影响到学生的情绪，因此日语教师要有通过观察学生的表情、动作等迅速地调整交际策略的能力。同时，日语学习本身与一般的交际不同，是跨文化交际。因此，日语教师除了要注重自己的交际能力以外，更需要在了解本国文化的基础上，了解他国文化，与学生进行顺畅的跨文化交际。

（3）要深入了解学生的特点和学习的内涵

日语教师要根据不同年级的学生以及不同特点的学生在教学内容、教学手段等方面作出适当的调整，也就是要因材施教。同时，日语教师要与学生建立良好的师生关系，能在课堂以外对学生进行指导和帮助。

三、日语课堂

（一）理想的日语课堂

1.3A 要素

（1）Attentive（吸引注意力的）

为了集中学生的注意力需要留意以下几点。

①大声说话；

②采用与视听有关的教学工具和教材；

③教授教材内容的技巧有所变化；

④回答问题的学生数量增多；

⑤选用有趣味性的教材。

（2）Attractive（有吸引力的）

可以理解为兴趣、关心，有两种特性：一个是"好奇心"（想要获得知识的欲望），另一个是"对日语学习持有肯定的态度"。对于学生来说在理解了之后才会引起其好奇心，因为学生对不理解的事物是不会产生兴趣的。学生如果喜欢日语教师就会喜欢日语课。学生喜欢的教师是日语知识丰富、对教材理解透彻、对学生公平、喜欢日语并对日语有强烈兴趣的教师。

（3）Active（活跃的）

教师帮助学生将日语作为交流的手段进行学习。如果只进行模拟交流活动，而不进行实际交流活动，学生就不能主动地参与到日语学习中，在课堂中将处于被动的地位。

2.3 J要素

（1）Joinable（可参与的）

为了让学生主动地参与到课堂当中，就需要让学生多花时间参与到课堂活动当中。为了解决这一问题有如下几种方法。

①同时、统一进行的活动，如音声、单词、句子、文章发音练习时，让学生跟读音频或教师的发音；

②大型组员活动，如听课文内容、默读、进行作文练习；

③小组活动，如某个小组与全班同学进行对话或交流活动；

④对练活动，做对话或背诵，练习一问一答；

⑤按照个人需求和水平进行课堂活动。

（2）Joky（幽默的）

快乐有趣的课堂，幽默风趣的玩笑可以缓解紧张的气氛。

（3）Joyful（愉快的）

机械的反复练习很枯燥，且易忽视语义，而对话交流活动则既有趣，又重视语义，就像是在做游戏一样。快乐且生动的对话交流活动只有在轻松的氛围中才可能实现。让学生动起来的课堂、简单易懂的课堂、有趣的课堂，才是理想的日语课堂。

3. 3C 要素

（1）Cooperative（合作的）

分组共享活动是合作学习的典型模式。在竞争学习、个人学习、合作学习这三种形式的学习中，合作学习的日语学习效果最好。互相肯定、互相帮助的关系，以及轻松的氛围，更容易促进学生的学习，还能激发他们的创造力。

（2）Creative（创造的）

鼓励与支持最容易激发创造力。通过主动地、创造性地使用日语激发学生的创造力。

（3）Curious（好奇的）

学生对日本文化的兴趣并且拥有好奇心是在理解了以后才产生的。

如果日语教师做到了以上列举的3A要素、3J要素、3C要素，就能上好日语课，实现学生所期待的理想的日语课堂。但在实现方法上有一定的难度。以下列举了理想的日语课堂需要具备的要素。

①课堂生动；

②课堂氛围愉悦；

③学生积极参与到课堂当中；

④课堂内容简单易懂；

⑤课堂有变化（静与动、慢与快）；

⑥教师带着热情上课；

⑦学生认为课堂有趣；

⑧课堂氛围轻松；

⑨课堂中大多使用日语；

⑩课堂准备充分。

（二）日语课堂教学的优化

1. 不断完善日语教学体系

在打造高校的日语教学体系时，我们必须充分发掘学生的实践综合能力潜能，这是非常关键的。只有采用这种方法，高校才能够满足企业和市场对于人才的需求，才能为学生提供更多的就业机会。在日语教学体系不断更新升级的情况下，相应的教学理念和目标也必须作出一些变革。日语教师应该进行大胆尝试，对教学模式和教学方法进行创新，以不断寻求新的方式来开展教学活动。为了提高教学水平和质量，日语教师应该整合教学理论和实践方法，创新教学体系。日语教师需要明确向学生传授日语基础知识的重要性，并且在教学内容的安排和设计中注重巩固学生的语言基础。此外，日语教师还需向学生传授获取日语知识和技能的方法。随着社会相关企业对精通日语的人才需求的不断上升，许多高校也增设了更多的日语语言专业选修课程，以应对不断增长的社会需求。这些选修课程专门针对学生自主选择而开设，能够满足他们个性化的需求和偏好。除了介绍和讲解日本文化的独特之处，日语语言专业选修课的教学目标是激发学生的兴趣，并更深入地帮助他们理解该课程的主题。在进行日语教学时，日语教师需要依据教学大纲和教学目标，构建科学的教学体系，以达成提升日语教学效果的目的。

2. 选用合理教材，灵活运用互联网教学

日语教师应该根据最新的教学理念、教材的内容，科学合理地选择教学材料资源。随着时代的发展，学生对知识的个性化需求也不断提高，日语教师在教学中需要增加与社会热点和学生实际生活有关的、新鲜的、有趣的内容。同时，在互联网技术和电子设备普及的今天，日语教师应该在教学中大量地使用互联网教学方式，以图像、音频、视频等方式，直观而生动地向学生讲授日语语言基础知识和日本文化，以激发学生学习日语的兴趣。

3. 创设语言环境

众所周知，语言学习的效果会在某种程度上受语言环境的影响。对于学生而言，他们不能脱离语言环境而开展学习活动。因此日语教师要积极地为学生创设语言环境。日语教师要先对学生进行日本文化的有效"输入"，在此基础上进行语言环境的创设。日语教师要结合学生的兴趣和生活实际，为他们创设真实的语言环境。

4. 不断提高教师的整体素质

新时代的高校日语教师应意识到，他们在教学中扮演着至关重要的角色。高校日语教师需要运用有助于学生进行日语学习的正确引导和积极调动，让学生的学习热情稳定在高水平状态。这样一来，高校日语教师就可以营造出一种愉悦的学习环境，让学生们更好地融入课堂。当教授日语时，高校日语教师应尽量使用纯日语，只在必要时使用汉语解释语法和较难的问题，以免汉语思维方式对学生学习日语产生负面影响。若想成为卓越的日语教师，我们应不断学习教育领域的知识和发掘职场实践经验，深入研究日语这门语言，积极参加各种层次的教学交流和研修学习。

（三）互联网日语课堂

1. 互联网日语课堂的特点

（1）创造性

在互联网日语教学中，学生需要选择一个网站或校园网资源库，并将其作为素材来源，还要对所选素材进行选择、组合、融合、理解和转化等创造性的操作。学生可以选择自己喜欢的素材，并运用自己的语言来表达它们。当寻找自己所感兴趣的素材时，学生可以采用匹配、补充、加工的方法对其进行处理。而后，学生可以根据自己所理解和思考到的内容，创造出独具特色的"作品"以展示他们的学习成果。然后，学生可以使用电子邮件或其他数字渠道向教师发送他们的"作品"。教师可以随时审核学生的电子邮件，并给予评价，同时教师还可以鼓励学生用日语进行朗读、开展游戏、进行表演，以此加深学生对日语知识的理解。在这个过程中，教师要扮演导师的角色，引导学生在网络上展开学习探索；学生在其中担任主角，自主开展学习活动并积极发扬自己的独创性。每个学生都有机会充分展示自己的潜力。

（2）认同性

互联网日语教育要求日语教师采用学生主体、教师主体、全员参与的"双主"模式，这种模式不要求教师预先规定教材。每个学生在日语教师的指引下，可以借助导师精心挑选的材料，根据自身的特点进行个性化的信息加工，进而创作出一篇简短的日语课文。换句话说，学生可以通过网络环境和资源进行自主学习，也可以根据自身情况进行自身发展规划和教材创作。毋庸置疑，学生对于自己取得的成绩会更有自信和认同感，这是任何统编教材都不能取代的。所以说，在日语教学中，日语教师运用互联网开展教学，有助于激发学生的认同感，进而提升他们的学习热情和兴趣。

（3）开放性

相较于教师事先准备好的幻灯片和印刷出版的教科书，互联网是一个极其丰富的信息宝库，它更具开放性。第一，它能够不断地提供最新的信息，方便学生时刻跟进，也能够让学生随时获得最流行和最先进的学习资源；第二，互联网涵盖各个社会领域的丰富信息，能够为教师和学生提供更多选择，借此能够加强学生的自主学习能力的培养；第三，互联网能够实现文字和图片的完美结合，进而能够创造出视觉冲击力强、内容丰富的作品，可以自然地激发学生的兴趣，鼓励他们充满热情地学习。所以，促进网络日语课程的推广可将学生学习的范围扩展至网络世界这一被称为"信息海洋"的领域，进而可以让学生将互联网视为日语学习必不可少的重要工具。这种教学方式已被广泛认可为一种真正开放的日语教学方式。

（4）形象性

现今，教师可以在多媒体日语课堂上，使用多种课件为学生提供逼真的视听环境，进而提高教学效果。与此相比，互联网日语课堂更为先进，因为互联网本身就是一个抽象、丰富的多媒体世界，无须教师专门创设多媒体环境。通过身临其境地学习日语，学生可以更深入地感受互联网世界的吸引力，并能够立即将学到的知识应用于实践，以事半功倍的方式收获更好的学习效果。此外，通过学习互联网日语课程，学生可以消除虚拟环境和真实世界之间的限制，更加轻松地学习日语。

2. 互联网日语课堂的优势

（1）符合日语课程的本质要求

日语课程注重实践和练习，其目标是通过各种语言技巧的训练和实际操作，协助学生掌握日语相关技能。根据建构主义理论，学生不仅仅依赖教师传授知识，更是在特定的社会文化环境或特定的情境中，通过积极构建个人意义和理解主动获取知识。为了实现这一目标，学生需要依靠教师和同学提供的帮助以及必备的学习资源。老师可以利用基于互联网的教育研究平台，打造适合教学内容的现实场景，鼓励学生积极参与口语表达和听力训练，从而逐步提高他们的日语水平。除此之外，学生还可以通过网络资源观看日本电影、欣赏日语节目以及其他相关的素材，同时与日本的教师和日籍人士沟通交流，以此来加强自己的语言水平和实践经验。综合以上观点，我们可以得出结论：互联网日语课堂拥有独特的优势和功能，这些是传统教学方式所不具备的。

（2）互联网技术的优越性

互联网技术整合了文字、声音和动静态图像，使得教师可以根据需要自由切换展示内容，这提升了课堂教学的真实性、充实度、形象感和吸引力。学生可以通过互联网充分获取丰富资源，获取不断更新的与学习相关的资料，包括文化背景知识、参考资料和图片等。除此之外，网络教学平台还能为学生提供自我练习听说技能的机会。毫无疑问，互联网日语课程所提供的学习材料种类丰富多样，多媒体的展示效果也比传统课程更为优越。

（3）提供丰富的日语教学课件和网络系统

在多所知名大学中，经验丰富的日语教授和学者设计了丰富多彩的日语教材和在线学习平台。网络版多媒体教材和课件能够提供多种呈现形式，每种形式都有独特的特点，同时网络版多媒体教材和课件能够呈现出先进的日语教学理念和理论的最佳部分，这些内容都是很多日语教授、教师通过多年的教学实践得出的经验总结。这就使得一般水平的高校学生有机会接触一流的日语学习资源，并能接受知名专家的指引，而且可以学习名校提供的高水准日语课程。这样一来，高校就可以解决因教师年龄结构不合理和老教师离职引起的教育质量降低等问题。

（4）解决教学中的实际问题

多媒体教学课件和网络系统的应用可以有效缓解由于学生数量增加而引发的教师不足和班级规模过大的问题。但是，由于教师的教学时间十分有限，他们往往难以在课堂上充分开展学生的听说训练，因此学生在听说技巧方面的提高会受到一定的限制。在这种情况下，对听说软件进行应用可以弥补这个缺点。教师可以建议学生使用这些软件进行"反复练习"，以提升其日语能力水平。

（5）体现"以人为本"的教学思想

重视以学生为核心的教学思想在互联网上的日语教学中得到越来越多的应用，因为这种思想可以更好地帮助日语教师满足每个学生自身特定的学习需求。互联网为日语教学带来了突破性的变革，打破了传统教学的时空限制，让学生得以在一个无边界的学习空间中自由学习。学生可以在任何时候、任何地点，通过互联网开展自主学习，不再受限于传统的课堂教学形式。换言之，他们可以不断学习日语知识，直到彻底掌握语言难点。学生的学习时间是可以灵活调整的，他们可以根据实际情况自主安排学习时长。另外，学生可以根据自己的实际需求和能力水平灵活选择适合自己的学习材料，也可以适当地调整学习的难度和深度。他们有机会选择性地专注于自己需要提升的能力，比如听、说、词汇和语法等，同时可以主动加强阅读理解的训练。除此之外，通过测试软件的反馈信息，学生可以了解自己的学习成果和所面临的难点，从而及时调整学习进度、改进学习方式，以确保自己在规定的时间内成功实现学习目标。这也是现代高等教育贯彻实施"因人而异，因材施教"教育理念的体现。

（6）促使教师更新教育观念

在传统的日语教学中，教师通常扮演着"传道、授业和解惑"的角色。然而，一些教师没有充分认识到"以学生为中心、师生互动"的教学理念的重要性，这导致传统的日语课堂教学模式对日语教育存在一定的负面影响。互联网技术所支持的日语教学模式，打破了传统日语课堂的限制，重新定义了教师的作用和教学方式。在未来，教师将更加注重设计教学，而不仅仅是简单地传递知识。需要注意的是，这种教育理念、教育方式的转变需要日语教师在保证教学质量稳步提升的情况下，及时调整自己的思维方式，更新外语教育、知识和人才等方面的观念，以适应时代和社会发展的要求。随着社会的发展，教师的职责将从简单的教授知识转变为更多地引导学生学习。现代教师会从过去的"权威领导者"转变为课堂活动的"策划者、指导者、合作者和支持者"，这是其角色转变的具体体现。日语教师采用在线教育教学模式，不仅可以引领教育业态的转变，也可以为更多日语教师提供学习和应用新的教育理念、教学技巧以及网络技术。这十分利于我们推动和加速我国日语专业教学改革的进程。

第二节 高校日语教学现状

目前很多高校的日语教学，由于教学体系不完整、师资力量薄弱、教学模式单一等问题，导致学生日语基础较弱，日语的教学水平也很难得到提高。本节通过分析我国高校日语语言教学的现状，寻找和研究优化日语语言教学的对策，逐渐提高我国高校的日语教学质量，达到日语语言教学的根本目的。

中国的经济水平不断提高，与其他国家之间的贸易往来日益频繁，与日本的交流也有不少。因而，我们可以认为日语在推动两国之间的互动交流方面具备非常重要的作用。为了促进中日两国之间的友好合作并推动国际化发展，我国已在大多数高等学府开设了日语专业，以使我国学子具备流利的日语交流能力。尽管如此，由于其国际地位未被广泛认可，日语难以成为中外交流的主要语言工具。目前，高等院校的教学方式相对保守，日语教师缺乏创新精神，这就导致日语语言教学体系存在一些问题，日语语言教学的根本目标还没有得到充分展现。

一、日语语言教学存在的问题

由于中日两国的合作日益加深，日语已成为我国主要的外语学科之一且已被广泛应用。为了满足学生的需求，现今大部分中国的高校已经提供了全面的日语课程，以适应时代的发展。需要注意的是，尽管在教学方面已经取得了一定进展，但是我国高校还需要解决一些学科建设方面的问题。

（一）教学方式陈旧

当前，我国许多高校依然沿用传统的教学方式和课程架构。在现有的教育系统中，教师常常只能通过使用教材来教授知识，这就使得教材成为他们主要的教学资源。教师所安排的作业范围仅限于课文的背诵与抄写，学生只能听从教师的安排。在这种教学模式下，要想在日语语言学习方面取得更好的成绩，学生只能进行不断的死记硬背。按照传统教育的经验，教师使用这种陈旧的授课方式会使课堂缺乏活力和吸引力，会导致教学过程缺乏活力、学生缺乏学习主动性，进而会使得教师和学生的积极性受到影响，学生往往会丧失独立思考的能力和适应性。根据相关研究，许多在大学里表现出色的学生，在毕业后往往会遇到就业困难。这就表明，我国在日语教学方法方面存在不足之处，学校未能足够重视学生的语言运用能力，这就导致学生在综合语言能力方面存在缺陷。

（二）缺少良好的教学资源

随着我国不断加快现代化建设进程，我国社会对外语专家的需求将逐步增加。因此，各个教育机构应该致力于培养具备全方位发展的人才，协助他们获得多样化的技能和能力，以适应我国日益变化的需求。尽管我国很多高等院校已经开始开设日语专业，但教材却存在严重的同质化现象，并且教材更新速度较为缓慢。在开始上大学的日语课程之前，某些学生已经掌握了日语的基础知识。而日语语言教材不但反复强调这些学生所具备的基础知识，且未能提供掌握重点知识的有效方法，缺乏明确的优先次序。

在高校开展日语教学时，教师需要负责艰巨的教学工作，也需要将教学资源视为教学改革的主要议题。

（三）师资力量薄弱

随着我国经济市场对语言专业人才的需求逐渐提高，越来越多的企业对日语专业人才表现出浓厚兴趣。然而，在我国高等院校招聘日语专业教师方面，实际上存在一种挑战，那就是各个高校必须应对日语语言教学体系不完善以及日语教师缺乏相关经验的问题，同时大多数高校的日语教师也无法获得外出交流或深造的机会。此外，高校课程安排存在不适当之处，未给予日语课程足够的优先级，对待日语课程的态度与对待选修课程相同。由于教师要承担繁重的授课任务，他们普遍会将传统的教学方法作为主要教学手段，往往会快速推进教学进度。这种枯燥、刻板的教学方式往往会使学生失去对学习日语的兴趣和热情，进而导致他们的日语学习水平下降。同时，这种教学方式也未能有效地帮助教师提高他们的教学质量。

二、日语语言教学的优化

（一）不断完善日语教学体系

在建立高等日语教学体系时，高校的首要任务是培养学生的综合实践能力。如此一来，高校不仅能够满足企业和市场的需求，又能够增加学生的就业成功率。为了让日语教育始终跟上时代潮流并持续进步，高校日语教师需要定期对教学体系进行改革和完善，以确保教学理念和目标具有前瞻性，并持续不断地向前发展。此外，高校日语教师还需要不断更新和改进教学模式，以适应目前的教育趋势。要提高教学的质量和水平，日语教师需要将新型教学模式与传统教学相结合，创造出一种全新的教学体系并在实践中加以应用。

教师在准备授课内容时，应特别注重学生掌握日语基础知识的真实情况，要帮助他们打下扎实的语言基础，并传授更有效的日语学习技巧。随着社会对日语专业的需求不断增长，很多高校开始提供多种类型的日语课程，以供学生选择。高校要确保学生可以自由选择和参加这些选修课程，同时确保这些课程能够符合他们的个人兴趣和爱好。因此，当选择教授选修课时，日语教师应着重激发学生的学习兴趣，并重视在教学过程中讲解日本文化的独特之处。

（二）不断提高教师的整体素质

在新时代，高校的日语教师必须意识到自己在教学中有着非常重要的作用。高校日语教师需要指导学生正确地学习日语，创造一个积极的教学氛围，在课堂中调动学生的积极性，帮助他们全身心地投入到学习当中。

日语教师应该不断学习、不断提高自己的专业技能水平和职业道德水平，要在教学内容不断更新的情况下，保持教育教学的生气和激情。日语教师需要将理论知识与真实情境相结合，以探究社会问题和生活现象，进而向学生呈现更丰富的课外知识。

（三）营造语言环境

从客观的角度来看，语言环境对于语言学习的效果有一定的重要性。为了让学生在学习日语时取得良好效果，高校日语教师需要创造一个有利于学生进行语言学习的环境。为了创造这种环境，高校日语教师应确保学生掌握足够的日本文化认知，并鼓励他们将其作为学习的动力源泉。一方面，高校日语教师需要考虑学生的学习风格和兴趣，以及包括日本文化和语言教学在内的多方面要素；另一方面，高校日语教师要精心制定教学计划。在教学中，高校日语教师的教学重点是激发学生的日语思维能力，使他们能够以日语的逻辑思维方式来解决遇到的问题。举例而言，高校日语教师可以为学生提供日语视频或电影，让他们沉浸在日语环境中。

（四）创建中国特色日语教学方式

随着我国高等院校日语教学水平的不断提高，教育学者们开始关注中国特色的日语教学这一新兴教学理念。目前，当日语教师教授日语时，常常采用国外的教材，传授基本语法和教学用语。尽管我们国家已经针对日语教育进行了改善，但是现有的教材并没有涵盖我们本土文化的特点。因此，在教学过程中，高校应将中国文化的特点融入教育内容，以创造独特的日语教学方式，从而彰显中国的独特魅力。

（五）增强高校与企业间的合作关系

目前看来，我国大学毕业生的就业前景似乎不太乐观。因此，各大高校需要加强与企业之间的合作，共同推进人才培养计划的实施。以社会需求为入手点，这一措施将在促进企业发展的同时，为学生们创造更多实践学习的机会。高校可以与企业合作举办活动，邀请企业领军人物和杰出人才到校演讲，进而为学生提供了解社会和企业动向的机会。在学生假期期间，高校可以安排实践项目，选拔表现出色的学生前往企业实习或参加深造活动。这不仅能够帮助学生更好地将理论知识转化为实践能力，而且能够使学生的综合素质涵得到更为全面的提升。

第三节 创新思维概述

一、创新思维的本质与特征

（一）思维与创新思维

思维是人类最本质的特征。人类之所以是万物之灵，就是因为人类具有神奇的思维能力。那么，什么是思维呢？

思维是人脑的机能，是人脑对外界客观事物的反映。人们在实践基础上对事物的认识，首要任务是获得感性认识。这种认识涉及事物的表面或表象，与事物外部联系也有一定的关联。在丰富的感性认识基础上，经过去粗取精、去伪存真、由此及彼、由表及里的整理和加工，逐步认识事物的本质和规律，产生认识过程的质的飞跃——理性认识。我们讲的思维就是指理性认识，思维是人类认识的高级阶段。

思维最明显的特点是概括性与间接性。思维的概括性是指思维具有表现事物本质的能力，其有两层含义：第一层含义是，个体可以通过思维发现同一类事物的共性并予以归纳，从而认识这类事物的本质特征和与其他事物的联系。比如，人们凭借思维，可以把构成世界万事万物的基本元素概括为金属元素和非金属元素，并进一步揭示出金属元素与非金属元素之间的本质联系。另一层含义是，思维可以以部分事物互相联系的事实为入手点，发现事物之间存在的联系。这种联系可以是普通的，也可以是必然的。在此之后，思维能够将这种联系迁移到相似的现象之中。比如，凭借思维，人们可以认识物质的质量与引力的关系，物质的质量、能量与时间的关系等等。思维的这种功能，可以使人认识和掌握事物的客观规律，为人类认识和改造客观世界服务。

所谓思维的间接性，指的是感官无法直接把握所有事物，而思维可以通过某些媒介，运用头脑加工的方式处理感官无法把握的事物。由于外界事物的复杂性和我们感官的局限性，只凭感性认识对许多事物是很难认识或无法认识的。其原因，一是由于事物本质和规律的复杂性和内隐性。客观事物的本质和规律隐藏在事物的现象背后，既看不见也摸不着，只能透过大量的现象，间接地去思考、去研究，进而把握事物的本质和规律。二是由于实践的时间、空间的限制。比如，千百万年前的历史变迁，宇宙中非常遥远的星体和星系团的结构和运动变化规律等，都因为我们不能身临其境而无法直接感知。三是由于人类感觉器官的局限。研究表明，人的视觉器官可见光谱只是波长为400纳米到760纳米之间的电磁波。而紫外线、X射线、红外线等，由于它们的波长都是低于或超过这一区间的光，所以，单凭感官是看不到的。同样，人的听觉器官的正常听阈只是音频为125赫兹到8000赫兹之间，低于16赫兹或高于20000赫兹（称为超声波）的声波是无论如何也听不到的。对于不能直接感知到的事物，人们只有通过间接方式认识，通常是借助已有经验、知识和工具经过人脑的加工即思维来间接认识的。

思维的间接性不仅可以追溯过去，也可以预见未来。追溯过去，通过运用自然和社会演化过程中所储存的各种信息，或者通过逻辑分析和推断同辈信息，思维能够帮助我们再次呈现过去已经消失的自然景观和社会事件。因而，它具有跨时代的能力，能够突破时间的约束，不受现代与古代、当代与过去的界限所限制。正因为思维的间接性，人类才能通过文字、图画、实物等再现数百亿年前的宇宙演化过程，再现人类蒙昧时代的生活画卷，再现几千年前人类历史上的重大事件等。预见未来，指的是在思维的帮助下，通过对过去和现在的信息进行分析，并遵循自然和社会演变的规律，我们可以运用精准的逻辑推理来预测未来的走向，并预知即将出现的现象或事件，进而了解自然与社会发展的未来趋势。

人们往往会使用感性材料来推断事物的本质、特性和规律性关系，因为思维的概括性特征和间接性特征是相互关联的。借助这种概括性的表现形式，我们可以间接推断那些无法直接观察或感知的事物之间的关系，进而加深自身对它们的认知。

思维按大类来分，可以分为逻辑思维和非逻辑思维。通常情况下，逻辑思维是一种常见的思维方式，强调高度准确、严密和有条理，因此它为人们广泛使用和掌握。与之相对，非逻辑思维强调灵活、流畅、独特，它被很多人忽视。创新思维主要是指非逻辑思维，是突破常规思维的一种高级思维形式，是人类思维的灵魂与核心。

（二）创新思维的本质

创新思维是人类思维最亮丽的花朵，是人类思维中最具批判性、革命性、创造性的思维，是思维的高级形式。

千百年来，人们凭借着创新思维和创新能力，创造了辉煌灿烂的物质文明和精神文明。创新思维，在人类文学史、艺术史、科学史、技术史乃至整个社会发展史上，都闪烁着诱人的光辉，也吸引了一代又一代的科学家、发明家、哲学家、教育家、心理学家、医学家的关注和研究。最近几年间，随着脑科学（主要是脑神经生理学）、现代心理学和人工智能科学的飞速进展，加之现代思维科学的兴起，我们已经更深入地认识到创新思维的本质和运作方式，并为我们更深入的研究奠定了坚实的科学基础。从现代思维科学来看，创新思维属于现代思维科学理论体系中的基础学科。

近些年来，国内对创新思维的研究，已经出版了不少著作和文章，在某些领域已经取得了可喜的研究成果。从学者的研究看，对创新思维的本质并没有一个统一的看法。但对创新思维的界定，我们可以从狭义和广义两个角度进行解释。具有创新性、突破性的思维，产生于人类认知范畴前列，能够为人们带来一定思维成果的，被称为狭义的创新思维。这类思维是以人类为基准的，其"创新性"有两个层面的意义：第一是独创性，即在没有他人的示范，也没有可供借鉴的方法或规律的情况下独立开创；第二是新颖性，也就是说，无论是过程还是成果，都不会重复或者类似。这两个层面的含义相辅相成。所谓"突破性"，用于形容打破现有规律、理论、思维定势以及理论权威的局限，形成独树一帜的理论发现、技术发明和创新。显然这种创新思维品质只能为少数人拥有。

广义的创新思维，是指对事物之间的本质联系进行前所未有的思考，从而创造出新事物的思维形态。这种广义的创新思维，既可涵盖科学技术的重大发现、发明和创造的思维活动，也包括处理日常具体问题的思维活动。这种广义的创新思维是相对社会成员中每一个思维主体而言的。我们倾向于在广义层面上界定创新思维。其理由有三：一是狭义的创新思维是建立在广义的创新思维基础上的，是创新思维的高级形式。一个人只有具备正常的思维能力，才能谈得上新思维，进而培养和训练高级的创新思维。二是从本质上看，创新思维并不孤立、并不单向，它包含丰富的层次，能够实现从整体上协同进行；能够让个体同时处理包括高等次思维活动在内的多项活动，并且实现狭义和广义两个层面创新思维的综合运用，是逻辑思维和非逻辑思维的有机结合，两者不可偏废。三是创新思维并不是少数天才人物的"专利"，生活中的每个有正常思维能力的人都具有创新思维的潜能。正如我国著名的教育家陶行知先生所说："处处是创造之地，天天是创造之时，人人是创造之人。"[1] 把创新思维界定在广义层面上有利于拓宽研究领域，深化研究领域，挖掘人民群众的创新潜能，有利于提高整个民族的创新素质。创新，是知识经济时代的灵魂。知识经济时代的竞争，是人才资源的竞争。一个国家是否拥有一大批具有创新思维和创新能力的高素质人才，是关系到该国成败安危的大问题。把创新思维界定在广义层面上，有利于激发广大人民群众的创新热情，有利于提高全民族的创新思维素质，使更多的人自觉地投身到创新的实践中。

（三）创新思维的基本特征

人们通过创新思维考虑某一对象时，会呈现出与运用传统思维不同的独特的思考方式和特点。也就是说，它与传统思维截然不同。了解创新思维的特征是理解、掌握和运用创新思维的前提。由于创新思维是一种复杂、高级的思维活动，人们可以从各个角度来阐述其特征，下面几点是创新思维的基本特征。

1. 思维的流畅性

流畅性，是思维对外界刺激作出快速反应的能力。思维敏捷，反应迅速是其基本要求。思维流畅性是人思维的量的特征，通常以对问题回答的个数或提供解决问题方案的数量来判断其水平的高低。例如，让人回答"玻璃杯的用途"，如果他能在短时间内回答的用途越多，说明他的思维流畅性程度越高，其创新思维能力越强。思维的流畅性往往表现为思维活动畅通无阻，思维敏捷、发散程度高，能在短时间内提出大量的不同质的设想。人们常说的"对答如流""思如潮涌"就是思维流畅性的最好表征。思维的流畅性涵盖四个方面的内容，分别是使用词

---

[1] 陶行知. 创造宣言 部编教材指定阅读 [M]. 南京：江苏文艺出版社，2018.

组和短语的顺畅性、表达思想的流畅性、联想的流畅性和表现的顺畅性。那些具有出色创新能力的人，往往拥有灵活的思维模式，可以快速想出多种独特的解决方案来解决问题。

2. 思维的灵活性

思维的灵活性，也称变通性，指的是思维活动能依据客观事物的变化而变化，也就是通常人们所说的"随机应变"。其主要特点表现为以下几点。

第一，过往思维定式与思维定式无法对思维产生约束。个体在改变思维方向的情况下，往往能够突破各种限制，在对待同样的问题上，能够采用许多不同的解决办法和途径。第二，思维能够展现出高水平的适应能力与应变能力，能够帮助个体从所处环境出发，及时改变思维方向。在思维受阻时能主动地改变思路，从新的角度重新考虑问题，并敏锐地抓住新的信息。思维的灵活性可以使创新者的思维触类旁通，举一反三；它可以使创新者在知识的海洋里纵横驰骋，左右逢源，可以在思维想象的空间中自由翱翔，可以迅速灵活地从一个思路跳到另一个思路，从一个意境进入另一个意境，多角度、多方法地探索、解决问题，并能随着情况的变化而改变或调整所探索的课题和目标。

思维的灵活性是以流畅性为前提的，思维不流畅，自然谈不上变通。从创新的角度而言，思维的灵活性极为重要。

3. 思维的独特性

思维的独特性，又称创新性、新颖性，是具有创造力的人的最主要的思维品质，是创新思维的特征。创新思维产生的构想不仅要求思维流畅（量度）、思维灵活（维度），而且要求思维角度新奇，能独辟蹊径、标新立异、独特新颖。这是一般人按传统思维所想不到的。思维的独特性是创新性与新颖性的统一。创新性是以独立思考、敢于质疑、善于求异、不迷信权威为前提的，指突破传统思维方式，以前所未有的新角度去认识事物。新颖性是指思维成果在一定时空范围内是唯一的、首创的。思维的独特性可使一个创新者解放思想、破除迷信，敢于向旧的传统挑战，敢于向权威挑战，提出新的概念、新的原理和新的方法。

英国著名的细菌科学家弗莱明能够发现青霉菌，就是因为在研究工作中以新的独特视角进行了观察和思考。他在实验中所见到的葡萄球菌发霉变质的现象，许多科学家都曾先后见到过，为什么没有引起他们的注意从而发现青霉菌呢？从思维的角度看，问题就出在他们是从司空见惯的视角看问题，认为葡萄球菌是因为被霉菌夺取了营养成分而饿死了。只有弗莱明不满足于这种寻常角度的思考，他从一种新的独特视角进行思考：是不是因为这种霉菌有杀死葡萄球菌的作用呢？在此基础上，经过反复认真地实验，弗莱明终于探明了这种霉菌提取物的作用，他还把这种霉菌的提取物命名为"青霉素"。弗莱明以他独特的思维发现了"青霉素"，在人类抗生素发展史上树起了一座不朽的丰碑。

4. 思维的自主性

思维的自主性，也叫思维的独立性。它是指人们在了解及改变现实世界时，能够依据事实与需要，并运用智慧和才智，发挥主观能动性及创造力的一种创新能力。如果一个人失去思维的自主能力，那么他就无法自觉地管理、调整和控制自己的思考过程，进而无法进行独立思考和创新。

思维的自主性是思维主体的一种内在规定性，是一个人在长期学习、工作和生活实践中所形成的独特精神世界。它包括意识、知识、情感、意志等多种因素，它的内容和实质就是在一定条件下，思维主体对自己的思维活动具有充分的自觉、控制、调节的能力，它的表现程度和实现程度，取决于思维主体在思维活动过程中其积极性、主动性和创造性的发挥。思维的自主性这种思维素质带有鲜明的个性、开放性、探讨性特点。英国著名的物理学家法拉第在创立磁力线和电力场的概念时，曾遭到专业同行的反对，但这并没有动摇他对自己科研成果的信心，他坚信自己的见解是正确的。历史是公正的，法拉第磁生电的伟大发现彻底改变了人类的历史，使人类从蒸汽机时代逐渐过渡到电气时代，而法拉第的名字也从此传遍了世界。

二、创新思维方法

创新思维方法是指人们进行创新思维活动时所运用的方法。创新思维方法不是独立于其他思维方法之外的某种特殊的思维方法，而是多种思维方法的综合运用，只不过有些方法对创新思维活动更为重要而已。这是因为创新思维活动是一种探索性、创造性的活动，不可能有固定的途径和固定的方法，人们只有充分调动和发挥多种创新能力和方法，才能产生创新性成果。

就创新思维而言，人们使用的方法主要包括两类：一类是逻辑思维方法，另一类则是非逻辑思维方法。逻辑思维方法即在概念的基础上进行判断和推理的方法，其特点是抽象性、推演性、规则性。运用逻辑思维方法进行思维时，有严格的逻辑程序和规则，思维要循序渐进而不能胡乱跳跃。非逻辑思维方法一般没有确定的程序和规则，思维的前提和结论之间没有必然联系，它的特点是具有灵活性和变通性。

逻辑思维方法和非逻辑思维方法的特点不同，因而在创新思维中的作用也不同。非逻辑思维方法的主要作用是广开思路，提出种种新的设想；逻辑思维方法也能获得新的发现，但它的主要作用是对提出的新设想进行检验和验证。逻辑思维方法和非逻辑思维方法在创新思维中是被交替运用的。

（一）非逻辑思维方法

1. 联想

（1）联想的含义

联想指的是个体基于对一个对象的认知，引出对于其他对象的思考活动或思维方式。联想的独特之处在于它可以帮助个体将形象与概念相结合，以加深个体对事物的理解。

联想作为一种思维方法是有其客观根据的。客观世界的各种事物是相互联系、相互作用的，而且事物的联系也是多种多样的。当人们意识到事物之间存在的客观联系时，这种联系便以主观的形态呈现在人们的思维中，进而能够帮助人们基于这种联系理解和把握事物的全貌。同时，人脑具有"刺激—反射"的生理学条件，大脑皮层在外界纷繁复杂而又相互联系的刺激物的作用下，形成错综复杂而又有规律性的神经联系，这种生理现象的神经联系与思维的联想活动虽有质的区别，但二者又存在着协调的、同步的关系。

联想方法曾经是心理学的重要研究内容，特别是19世纪，联想心理学曾占优势，现在我们主要是把联想作为一种创新思维方法来加以研究。联想是在逻思维的主导作用下进行的，其形象活动主要是由语词引起和表现的，它有极大的能动性、灵活性，具有十分丰富的内容，其具体表现也是多种多样的。

（2）联想的类型

联想方法的具体形式很多，主要可以分为接近联想、类比联想、对比联想、空位联想。

①接近联想

接近联想是指由于某种时间或空间的关联，人们会从一个事物自然地想到另一个事物。例如，人们常说"叶落而知秋"，或者谈到杭州就会想到西湖，这分别对应时间层面的接近联想与空间层面的接近联想。很多时候，时间和空间的联想同时发生，彼此相互交织，我们无法对其进行清晰分离。例如，每当过年过节的时候，人们就想起远在他乡的亲人以及过去和他们相聚的情景，这就既是时间上也是空间上的接近联想。

接近联想主要是人们凭借事物表象进行的联想，尽管其认识水平较低，但却是一种关于事物相互关系的形象思维活动，是一种深入事物内部的认识方法。

②类比联想

类比联想是根据事物之间在形态上或性质上的某些相似而引发的联想，因此又称为相似联想。例如，人们由火红的木棉树想到烈士的鲜血，由毒蛇想到恶人。前者是根据事物形态上的相似而展开的联想；后者是根据事物在性质上的相似而展开的联想。恶人是人，毒蛇是一种动物，虽然在形态上极不相似，但其恶毒的本质有相似的一面。

类比联想是通过比较，由对某一类对象的了解过渡到对另一类对象推测性的理解。类比联想的这种转移性，使它在思维中发挥着巨大的创造作用。例如，瑞典天文学家林布拉德把星系与流体进行类比联想，把星系中的恒星设想成一个个水分子，把星系设想成流体，从而建立了解释星系旋臂结构的密度波假说。又如，有人发现"屎壳郎"推土块的力量比拉土块的力量大，从而联想到可以将拖拉机的犁放在耕作机机身动力的前面，从而增加犁地的力量；人们由面团发酵后能烤制成松软的面包联想到塑料加发泡剂可以制成泡沫塑料，橡胶加发泡剂可以制成橡胶海绵，等等。以上这些例子都说明类比联想在科学发现和技术发明中的作用，类比联想比接近联想有着更加广阔的应用领域。

③对比联想

对比联想指的是通过比较事物之间的主要形态、性质或作用，发现它们之间的差异或相反之处，进而产生新的想法。例如，由炎热的夏天想到寒冷的冬天，由狭窄的山谷想到一望无际的草原。由于对比联想是从事物的相反情况思考的，所以又被称为逆向联想。

对比联想以事物之间的对立统一关系为基础，它抓住了事物之间的矛盾关系、转化关系，更加开阔了人的视野和加深了人的思维深度，所以它比接近联想、相似联想更为深刻，在创造性思维中也更有意义。例如，英国物理学家狄拉克在研究中发现，电子的能量正负对称，他由此联想到电荷也会具有正电荷和负电荷的对称性，既然人们已发现了带负电荷的电子，也一定会有带正电荷的电子。狄拉克的这一预言，后来为美国的物理学家安德逊所证实。这个例子生动地说明了对比联想在科学发现中的作用。

对比联想是逆事物之间通常出现的某种联系或关系而联想的，所以它有打破思维定势、开拓新思路的作用。例如，日本和瑞士在手表业上竞争了几十年，一直力求在提高质量、降低成本上下功夫，但未能奏效。后来日本一反原来的思路，不再在苛求质量和降低成本上下功夫，而是低质量（与瑞士相比）、低价格，在花色、品种、适用性上与瑞士竞争，终于在手表业上占了上风。在这个过程中对比联想起了开拓思路的作用。

④空位联想

空位联想是将问题置于另一特定时间和空间的联想方法，即当问题的解决出现困难时，可以联想到已不处于此时空的另一个相类似的问题，这样可以打破思维定式，获得新的思想。这种方法的实质就是为问题的解决找一个空位，而这个空位是他人未涉足的。有一个"水变黄金"的故事，是空位联想的典型例子。

19世纪中叶美国加利福尼亚被人们发现了金矿，众多的淘金者从四面八方涌进加州的山谷。当时淘金者最难熬的是干渴，一个名叫亚默尔的淘金者心想，从砂子里淘金和从淘金者身上"淘金"不是一样吗？于是亚默尔开渠引水，为淘金者提供水源，他成了先富起来的人。亚默尔和其他淘金者的初衷是一样的，但他想问题的方式正是成千上万淘金者未曾想到的,这个"空位"被亚默尔占领了。

空位联想的特点就是寻找他人未涉足的空位。世界乍看起来是充实的,但绝不是无隙的,世界上还有很多未被开垦的处女地。因此,当人们在工作中遇到困难时,要尽力跳出原有的思路,寻找适合自己生存和发展的空位,这时就会有新的发现、新的创造。

(3) 联想的意义和局限

联想广泛存在于人们的思维活动中,是一种十分重要的思维能力。

联想与记忆紧密相连。任何思维活动都离不开记忆,记忆可以为思维活动提供背景材料,而联想则是打开记忆大门的钥匙。通过联想把记忆中的材料用于对新材料的加工之中,并形成新的联想成果。联想是对正在被加工的对象与已储存在记忆中的材料的一种连接性思维活动。联想丰富,思维才活跃。而缺少联想的人,思维活动一定很贫乏,思维成果也不会丰富。因此,努力掌握联想方法和培养联想能力,是提高思维能力的重要途径。

联想也是创新思维的一种方法,它能扩大思考问题的范围,使思维能多角度、多侧面、多渠道地思考问题,从而寻求问题的多种解决办法。

联想在思维活动中也有其不可掩盖的缺陷。由于联想本身具备猜测性特征和随意性特征,基于它所得结论缺乏可靠性。要使用联想方法,我们必须有扎实的知识基础,同时需要运用其他思维方法进行补充、修正和指导。

2. 想象

(1) 想象的含义

想象指的是个体通过对现有的意象进行加工和改造,创造出新的图像的思维方式。

"想象"是个多义词,在日常生活中经常被运用。广义的"想象"具有猜想、设想的意思。我们这里所讲的是思维想象,它是对原有形象材料进行分解和重组的过程,由此形成的思维结果是复合形象。复合形象具有间接性、概括性,它不是直接感知的产物,而是在感知材料的基础上进行选择、扬弃、改造的产物。

想象与联想同是形象思维的方法，但二者有明显的不同。联想只是把原有的形象联结起来，是对已有形象的简单利用，没有对原有形象材料进行分解、组合等加工；想象原则是对原有形象进行分解、提取、重组等加工改造，从而创造出新形象的过程。

想象是指人类个体大脑皮层内部重新排列、提取和重组旧有的神经联系，进而形成全新联系的过程，它是人脑的一种活动。旧的暂时联系的简单恢复并不能创造出新形象，要产生新形象，就必须使过去从未结合通过暂时联系形成新的结合。

想象这种思维活动具有很大的灵活性，很少受或者不受时间和空间的限制，人们常说"插上想象的翅膀"，但是，想象又离不开经验和知识，它是在已有的认识基础上进行的。

（2）想象的类型

想象包括再造想象、创造想象、幻想三种基本类型。

①再造想象

再造想象指的是个体根据语言文学的相关叙述以及模型、图表或模型等形式的描述，将其具象化地展现在脑海中的一种行为过程。例如，文学作品在阅读者头脑中形成的人物形象；剧作家把小说改编成戏剧；导演根据小说的描写创造出舞台上的各种场景和人物形象；工人根据工程师设计的图样，想象某一机器、建筑的结构、形象等，这些都是再造想象。

进行再造想象必须正确地理解想象所依据的描述和示意。要想通过小说的指导而形成相应的形象，就必须读懂小说中的语言；要想根据设计图去构思建筑物，就要能看懂图纸。同时，进行再造想象也必须具备充分的形象材料，形象材料越丰富，再造想象越丰富，形成的想象结果也就越准确。

②创造想象

创造想象是不依据现成的描述而独立创造出前所未有的新形象的方法。创造想象的特征是：想象的结果是新颖的、独创的、奇特的。

创造想象和再造想象有很大的区别。创造想象比再造想象的难度大得多，再造想象是依据现成的描述进行的想象，而创造想象是依照自己的创见进行的想象，没有现成的规律与步骤可循。创造想象的过程要比再造想象的过程复杂，由于没有现成的依据，所以是一个从原材料到成品的艰难的探索过程。创造想象的成果是新颖的，而再造想象的成果是已有的。创造想象和再造想象虽不同，但在实际思维中，二者又是交叉的，只有二者紧密结合，才能使人的想象更丰富、更有成效。

③幻想

幻想是一种独特的想象形式，它能够将个人意向与未来展望融合。通常情况下，幻想与个人的心理需求和欲望有关，它不会直接影响个体当下的行动，而具体体现为个体对未来的美好期望和向往。举例而言，人们渴望着能够远离地球，前往更遥远的太阳系以外，去探究宇宙中无尽的奥秘。

幻想有两种，即积极幻想和消极幻想。积极幻想通常称为理想，消极幻想通常称为空想。理想有一定的现实基础，通过努力可以转变为现实；而空想则没有现实的基础，不可能转变为现实。

（3）想象的意义

想象是形象思维活动中的重要方法，人们凭借想象可以对不能亲自观察或未曾亲自观察的事物形成想象形象，从而扩大知识范围。例如，人们在读书或听音乐的过程中都可通过想象来丰富自己的意识。

想象是一种重要的创新思维方法。想象可以摆脱传统的束缚，实现思维的突破，提出超常或反常的新观念和新思想。丰富的想象力始终是科学发现中最活跃、最能动的因素。科学研究中每一个新的假说的提出都与想象力的发挥存在着紧密的联系。例如，德国气象学家魏格纳有一次看到路上挂着的一幅世界地图，发现大西洋两岸，非洲西部的海岸线和南美洲东部的海岸线正好彼此吻合，于是他想象它们原来是连在一起的一块大陆，后来随着时间的推移，由于天体的引力和地球自转所产生的离心力，使原来完整的大陆分成许多块，这些大陆块就像冰块漂在水面上一样，逐渐漂移分开，形成现在的几大洲。这就是著名的"大陆漂移假说"。魏格纳这一假说的提出与其想象力的发挥是密不可分的。

想象对于人的实践活动也具有重要意义。人的实践活动是一种有目的有意识的活动，人在进行实践之前在意识中就预见到实践的结果，而这种结果常常以形象的形态存在于人脑中。正如马克思所说："劳动过程结束时得到的结果,在这个过程开始时就已经在劳动者的想象中存在着,即已经观念地存在着。[①]"说明想象是人类创造性实践活动中不可缺少的要素。

想象在实际运用中必须与理性判断结合,才会产生有价值的成果,否则就会使人陷入主观幻想。

3. 直觉

（1）直觉的本质和特征

直觉是指个体在不经过严格的逻辑思考的前提下,直观地认识到某些事物或现象内在本质或规律的思维活动。直觉不同于直感,直感是人的感官对客观事物表面现象的直接感知,属于感性认识。直觉是人的思维直接把握事物本质的过程,属于理性认识。

直觉具有如下特征。

①跳跃性。即指它是由现象直接达到本质,跳过了通常逻辑推理程序的某些环节而直接得出结论。所以直觉思维不像通常逻辑思维那样循序渐进,而是具有思维的跳跃性,是一种认识上的突变和飞跃。

②快速性。即指直觉所经历的时间很短,是瞬间完成的。但这个瞬间完成是建立在长期酝酿和思索的基础之上的,是一种"豁然开朗"。

③偶然性。指直觉的结论并非十分可靠,而具有某种程度的猜测性,需要进一步验证。

直觉的产生形式上虽有偶然性,但并不是灵机一动凭空出现的,只有具备了一定的条件,直觉才能产生。一方面它必须以丰富的相关知识和经验为基础；另一方面还要求对所研究的问题进行反复思考、经久沉思,以致达到问题总是萦绕脑际的程度。只有在这种情况下,才能得到豁然开朗的效果。

尽管直觉的产生能够呈现出思维的跳跃性,但它本质上与逻辑有关,因为它需要基于逻辑思考而完成。在直觉产生之前对经验材料进行思索时需要运用现有的理论和知识进行分析、归纳。而在直觉产生后,还要进行逻辑论证。

---

① 曾丹凤. 中国共产党领导下中国现代技术思维方式的演进研究 [M]. 广州：广东人民出版社, 2021.

（2）直觉的类型

根据直觉的基本性质或范围，可将直觉分为艺术直觉和科学直觉两类。

所谓艺术直觉，指的是艺术家在创作过程中，通过直觉、感性的方式，在很短时间内将一个特定的形体或形象转化为典型形象的思维过程。艺术创作主要是动用形象思维，即塑造典型形象的过程。艺术家在体验生活的过程中，有些印象使艺术家产生了强烈的感受，于是在思维中一下子由个体感性形象直接上升到理性的典型形象，这就是艺术直觉推动个体形象向典型形象的转变。科学直觉是指科学家在开展相关研究的过程中，凭借深厚的学识和经验，对新事物或现象的实质或规律有一种直觉上的感知，从而能够在缺乏明确证据的情况下作出理性的推断。

（3）直觉的意义

直觉是创新思维活动的重要方法。它超越了常规的经验思维、严格的理论思维以及详尽的形象思维的限制，从思维起点瞬间可以达成思维的目标，取得认识的新成果。在紧急情况下，直觉思维可以迅速帮助人们作出决策，进而让人们应对不断变化的形势，从而提高人们的工作效率和决策准确性。它在科学发现、技术发明、艺术创作中占有重要地位。许多科学家都非常重视直觉的作用。物理学家爱因斯坦不仅"相信直觉和灵感"，而且他认为，"物理学家的最高使命是要得到那些普遍的基本定律，……要通向这些定律并没有逻辑的道路，只有通过那种以对经验的共鸣的理解为依据的直觉，才能得到这些定律。[1]"爱因斯坦所说的科学直觉显然不是人们虚无缥缈的主观猜测，而是以对经验的消化和理解为依据的。

4. 灵感

（1）灵感的本质与特征

灵感通常指个体在从事科学、艺术等创造性工作时，其主体创造力达到顶峰状态所带来的突发性的顿悟，这种思维现象相当复杂。因此，必须对灵感进行多方面、多角度的考察，才能逐渐揭示其本质。

在认知论的视角下，灵感是人类认知过程中的一种突变和快速飞跃。这种飞

---

[1] 吕丽，流海平，顾永静，等.创新思维：原理·技法·实训（第2版）[M].北京：北京理工大学出版社，2017.

跃的具体表现是：对于某个问题，个体在苦思冥想一段时间而未得答案之后，暂停思考并在未曾预料的情况下忽然有所领悟。有一个著名的例子：1865年的一天晚上，德国科学家凯库勒由于研究工作进展不顺利，坐在火炉前打盹，朦胧中看到原子组成蛇形队伍在他眼前跳舞，忽然这条蛇咬住了自己的尾巴在他面前旋转。一刹那，凯库勒猛然惊醒，他发现了苯分子的六角形结构。这个例子说明，灵感是人脑在探索事物本质和规律的认识过程中一下子抓住事物的本质的过程。但这种认识上的飞跃不是在冥思苦想过程中实现的，而是在冥思苦想之后暂时搁置下来的某个时间，由于外界的某种刺激而突然发生的。

从灵感的潜意识理论来看，灵感的发生是显意识和潜意识相互贯通、相互作用的结果。据此理论，人的意识除了包括明显的自我意识，还包括一种不明显的潜在意识，这类意识存储着人们的感知信息。灵感是在我们的意识受到阻碍时，由于强烈的求解欲望而产生的，它可以激发我们潜在的思维能力。这种潜在的思维能力会在不知不觉中累积，最终达到成熟的状态，并在我们顿悟时与我们的意识相连，从而帮助我们解决问题。

关于潜意识的理论，目前还只是一种假说，但它对于我们认识灵感的本质有重要的参考价值。

从思维方法的角度看，灵感是对抽象思维与形象思维的综合运用，可以说是一种综合性思维。不仅如此，在灵感的产生过程中，情感、意志等心理因素也起着重要作用。灵感产生时，创造者常常调动自己的全部智力，而且精神处于高度兴奋状态。灵感与直觉有一些共同点，它们都是人类认识过程中的突变和飞跃，都具有突发性、创造性等特点。但是灵感又与直觉有一些不同的特征，如下所述。

①灵感的产生常常是受到某种偶然的因素诱发的结果。例如，牛顿受"苹果落地"的启发，凯库勒受蛇的启发等等，因此灵感具有间接性。直觉的产生不受某种启示物的启发，具有直接性。

②灵感的显现具有瞬间性，即灵感被激发时，刹那间掠过人脑，转瞬即逝，不再重复出现。因为灵感是主观与客观多种因素在特定条件下结合的产物，而主、客观条件是不断发展变化的。直觉则具有可重复性。

③灵感的产生总是伴随着激情。灵感是人的智慧之光的瞬间闪烁，是神经活动处于高度兴奋状态的产物。许多科学家、艺术家都谈到过当灵感发生时的兴奋心情，甚至是欣喜若狂。

（2）灵感的类型

灵感可分为外在条件诱发的灵感和潜意识诱发的灵感。

①外在条件诱发的灵感

A. 他人的思想、观点的启发，即通过读书、和别人谈话等方式受到启发，诱发灵感。例如，达尔文在创立进化论的过程中，有一天他阅读马尔萨斯人口论的著作，该书提到在人类数量增长的过程中，那些被淘汰的是最不适生存的弱者。当读到这里时诱发了达尔文的灵感，达尔文顿悟到在生存竞争的条件下，有利的变异可能保存而不利的变异被淘汰，后来就形成了达尔文进化论的思想。

B. 外界某件事物的诱发。据说，美国从事美术设计的迪尼斯失业了，有一天夫妇二人呆坐在公园的长椅上，突然从椅子下钻出一只小老鼠，他们看着老鼠机灵滑稽的面孔，感到很有趣。突然，迪尼斯脑中闪过一个念头，他要把小老鼠可爱的面孔画成漫画，让千千万万的人从小老鼠的形象中得到安慰和愉快。就这样，诞生了风行世界数十年的"米老鼠"形象。这个例子说明，小老鼠的形象对迪尼斯头脑中长期思考的如何摆脱生活困境问题起到了诱发作用。

C. 情景的激发，即由一种特殊的情景形成对人的刺激，从而诱发了灵感。例如，我国诗人曹植的七步诗："煮豆燃豆萁，豆在釜中泣，本是同根生，相煎何太急。"[①] 就是在曹操死后，其兄曹丕对其进行威胁逼迫时写成的。在这种特殊情景下写成的诗，既形象生动又非常深刻。

②潜意识诱发的灵感

A. 梦中诱发的灵感。例如，前面谈到凯库勒梦中看蛇咬住其尾巴，诱发了灵感，形成了苯分子六角形结构。

B. 在休息散步，做与课题研究无关的其他事情时突然爆发的灵感。当对一个问题的研究百思不得其解时，可以有意地停止思考，改变一下环境或做一些与所

---

① 《古诗词名句鉴赏词典》编写组. 古诗词名句鉴赏词典（世纪版）[M]. 呼和浩特：内蒙古大学出版社，2004.

思考的问题无关的娱乐活动，使大脑的剧烈活动暂时得到休息，而在此时由于潜意识的活动，有时灵感会突然出现。

（3）灵感产生的条件和方法

灵感的产生虽然有其突发性、偶然性，但灵感的到来又是有一定条件的。首先，要有需要进行创新思维的课题，这种课题是客观实践的需要和主观探索精神的产物；其次，灵感以一定的知识背景为依据，相关的经验和知识是灵感产生的土壤；再次，要有对问题的长期反复思考，没有苦苦的思索，灵感不会突然到来。

灵感的产生也要借助于一些具体方法。举例如下。

①借潮进港法。思维活动也如大海一样，有潮涨潮落之时。借潮进港法就是借思维兴奋之潮，进解决问题之港。运用这种方法首先要有意识地培植思维的大潮，然后抓住这股大潮，不失时机地进行思考。

②问题搁置法。这种方法与借潮进港法正相反，即当思维进入低潮时，不必勉强自己再去冥思苦想，可以有意识地放松一下，使大脑暂时休息。但这时潜意识仍在活动，当遇到某种外界刺激，灵感就可能会产生。

③异想天开法。就是使自己的大脑打开思路，让想象力纵横驰骋，思维自由组合，尽量摆脱传统的观念和思路，以此诱发灵感。

④跟踪记录法。灵感具有瞬时性，有时灵感的火花一闪而过，如不及时抓住，就会失去，因此必须跟踪记录。这是捕捉灵感的普遍方法。

（二）辩证逻辑思维方法

1. 对立互补思维方法

（1）对立互补思维的本质与特征

对立互补是辩证思维的最根本的特征。对立互补思维是一种思考方式，能够帮助人们深入领悟事物中对立面的相互依存和统一的关系。对立互补思维方法的理论基础是对立统一规律，这一规律认为对立面是相互依存、互相作用的。它呈现了客观现实中对立与统一的结构关系，并予以表现。通过自觉地采用对立互补思维方法，我们能够更好地思考和研究问题，并能够准确寻得存在于不同对象之间的对立因素，还善于在两个互相排斥、互相反对的事物间，发现其互相依存、互相贯通、互相转化的属性，以实现对事物内在联系的深刻认识。

对立互补思维具有以下特征。

①整体性。人在认识客观对象时，首先是通过对感性材料的分析，形成对事物各个方面的认识。这样的认识虽然是必要的，但却造成了认识的分立。对立互补思维则克服了这种分割性、割离性，通过把握对立面之间的互相依存，互相渗透的关系，达成对事物整体性的认识。

②全面性。思维的割离性必然造成思维的片面性，抓住一面丢弃另一面。互补性思维要求把握对立双方，这就形成认识上的两点论并实现全面性的认识。

③发展性。矛盾是事物发展的动力和源泉，也是认识发展的源泉，通过对立互补使矛盾得到解决，使事物向前发展，使认识得到升华。

（2）对立互补形式的多样性

对立互补思维在应用中是具体多样的，常见的有以下几种。

①辩证综合

这是对立互补思维的一种重要形式。所谓辩证综合，即将对立各方的积极因素有效地组合起来，亦此亦彼，实现对立双方的有机统一。

②逆向思维

逆向思维即思考问题时从事物常规相反的方向入手，有意采取反其道而行之的办法，用反向的做法，达成正向效果。人们在工作或科学研究中，遇到一些难题，如果沿着原来固有的思路去思考，易受到传统观念、思维定式的束缚，调换一下思维的角度，从相反的方向思考一下，有时会意想不到地获得新的思路、新的方法。逆向思维的核心是思维尽可能反常、求异、求新，两极相映、反观而求，利用"反弹琵琶"的方式求解。

例如，在丹麦物理学家奥斯特发现电能生磁以后，英国物理学家法拉第想，电能生磁，反过来，磁是否也能生电，经过几十年的研究终于创立了电磁感应原理。

再比如发生在美国艾士隆公司董事长布希耐身上的故事。有一天，布希耐出门散步，发现一群孩童围着一种十分丑陋的昆虫嬉戏，于是他从中受到启发。他想，过去都是做一些漂亮的玩具吸引孩子，如果反过来做一些丑陋的玩具是否也可吸引孩子呢？于是，他部署自己的公司研制一套"丑陋玩具"，迅速向市场推出。结果，丑陋的玩具一直畅销不衰，收到了显著的效益。

③换位思维

换位思维即在认识过程中，以转变主体的立场或方位来突破束缚主体的各种条件，以达到对事物全面认识的思维方法。

人们在社会生活中，各有自己的位置，位置不同观察问题的角度就不同，进而导致对同一事物的看法、做法也不同。换位思维就是将认识的主位立场，从主位换到客位来思考，是主体认识从"自我"立场向"非我"立场的转化，当然转到"非我"立场并不是目的，最终还要转回"自我"立场。但是经过否定之否定的转化过程，人们的认识会大大提高一步。

（3）对立互补思维在创新思维中的作用

①对立互补思维具有综合的作用

通过对立互补可以实现对立双方积极因素的有机融合，从而产生整体的综合效应。例如，在科学上可以把对立的概念和思想统一起来，综合创造出全新的科学观念和思想。"两面神思维"就是这种典型。所谓"两面神思维"是美国精神病学家 A.卢森堡概括有创造性成就人物的思维方式而提出的。在他看来，"两面神思维"表示个体在同一时间内产生两个或多个思想、概念和印象，它们共同发挥作用，可以处于同一立场，也可以互相对立，且它们同时存在。"两面神思维"的实质就是一种从对立中去把握统一的方法。爱因斯坦在科学上的创造性跃进也就在于提出了对立面同时起作用这样一种特殊概念，他把光的波动性和它的对立面粒子性统一起来，实现了光学理论的跃进。

②对立互补思维具有优化作用

对立互补可以使事物的两极同时显现其存在的价值和意义，便于人们从中优化选择，这对于确定正确的决策方案具有重要意义。

③对立互补思维具有推进作用

对立互补的目标是把握事物诸方面的有机统一，实现对立双方的相互转化。所以，对立互补的结果必然是提高和发展。

2. 分析与综合统一法

（1）分析与综合概述

所谓分析，就是指在人的思维中把认识对象的整体分解为各方面、各个部分、各个要素。当我们面临一个复杂的、比较庞大的思维对象时，思维无法一下子把握其整体，这就需要将思维对象加以分析。分析的特点就是把思维对象进行分解、割裂、拆开，但分解、割裂、拆开的目的是找出它们的本质属性和彼此之间的关联系。离开了对思维对象本质和结构的认识这个目标，单纯的分析就会造成认识的孤立性和片面性。

分析性的思维方法在西方近代自然科学中占据主导地位，并对近代自然科学的发展起到巨大的推进作用，与此同时也形成了西方哲学的分析传统。

所谓综合，就是指在思维中把认识对象的各个部分、各个要素以某种方式组合起来，从而形成对对象整体性的认识。综合方法的特点是认识的整体性，它是在分析的基础上把人们对各个部分、各个方面的认识联结起来，所以它的关键是如何联结。如果联结只是各个部分的机械相加，那么这种综合只是抽象思维的综合，辩证思维的综合则是要研究对象的各个部分、各个要素的相互联系和相互制约，在此基础上形成对对象整体的认识。

（2）分析与综合的辩证统一

从人类思维方法发展的历史看，分析法与综合法曾是互相分离的。科学家与哲学家都曾片面强调某一种方法。只有在现代科学和哲学的发展水平上，分析法和综合法才达成了辩证的统一。

分析与综合从认识的走向上看是正相反的，分析是认识从整体到部分，综合则是认识从部分到整体，但二者在人的思维活动中又是互相依赖、互相渗透、互相转化的，所以是辩证统一的。

分析和综合是互相依存的。分析是综合的基础，综合依赖于分析。缺乏分析的综合认识只能是抽象且空洞的。反之，分析也依赖于综合，分析既以综合为先导又以综合为目的。人们在进行分析之前总是以现有的对对象整体的初步认识作为起点，否则分析也就无从进行。同时分析的目的也是为了综合，离开综合，分析也就失去了意义。所以，分析离不开综合，综合也离不开分析。

分析与综合也是互相渗透的，即分析中有综合，综合中有分析。分析中有综合是说，在以分析为主的过程中要有小的综合。综合中也有分析，即在综合的过程中也有分析的因素。综合是在分析的基础上进行的，但人的认识不是一次完成的，在综合的过程中发现对某个侧面的认识还不够透彻，这时就需要再对其进行调查研究，并进行分析。

分析与综合又是互相转化的。分析要向综合转化，因为分析的目的就是为了综合。分析所得到的局部认识必然要向整体性认识发展。反之，综合也向分析转化，即综合所得到的认识还要进一步向更深入的分析发展。人类的认识就是一个分析与综合不断相互转化的过程，而每一次新的分析与综合都使人的认识更加扩展和深化，从而构成了人的认识螺旋式的上升。

（3）分析与综合统一方法在科学创造中的意义

①分析与综合统一是科学研究的基本方法

分析方法追求认识的精密性、深刻性，综合方法追求认识的整体性，我们将分析和综合方法有机融合，不仅可以深入细致地理解认知的细节，还能综合地、整体地对其进行理解，这有助于推动我们的认知的全面发展。所以在科学研究中我们要实现对事物整体性和深刻性的认识就离不开分析与综合统一方法的运用。

②分析与综合在科学发现中的作用

任何科学发现都要从已有的相关知识中汲取营养，分析的作用就在于从大量的相关知识中汲取与解题有关的思想要素。科学家正是利用这些相关知识中的有效成分，才能在此基础上提出新的思想。而综合的作用则是将这些要素综合成一种新的观念或假说。

③分析与综合在构建科学理论体系中的作用

科学理论体系是个概念的系统。构建科学理论体系就是将感性具体在思维中再现出来。在这个过程中，首先必须将研究对象的元素形态通过分析而抽象出来，并形成各种抽象的规定，然后通过综合，依照事物的内在结构和层次，把它们逐步结合起来，以便形成思维具体也就是科学的理论体系。这就是科学理论建立的从抽象到具体的过程，在这个过程中离不开分析与综合统一方法的运用。

3. 发散思维与收敛思维统一法

（1）发散思维与收敛思维概述

发散思维是一种思维方式，它能让我们从多个不同的方向和角度去考虑问题，能够帮助我们从多个侧面来寻找解决问题的方法和答案。此外，这种思考方式能够帮助我们拓展思维领域，发现更多的可能性和创新点。发散思维是一种开放、灵活、创新的思维方式，是一种求异思维，不走老路，寻求变异。

发散思维的特点是多向性、变通性、开拓性。发散思维在思考问题时如同光源一样向四面八方辐射出去，使思维不局限于一种模式、一个思路，充分发挥思维的能动性。发散思维能够随机应变，变通的过程也就是打破头脑中某种固定、僵化的模式的过程。发散思维不墨守成规，不满足于现有的思路，而努力从新的方向、新的途径去探索，力求解决问题的办法和方案有所创新、有所前进。

收敛思维与发散思维正相反，它是以集中为特点的一种思维方式。人们在思考和处理问题时，当从多方向、多角度、多侧面思考以后，把思考的结果和意见集中起来，从中寻求一个正确意见和解决问题的最佳方案，这就是收敛思维的过程。

收敛思维的特点是求同性和有序性。收敛思维要求人们从相同的方面去思考问题，并力图找出解决问题一致的措施和统一的方案，收敛思维要求人们思考问题和处理问题要有程序，先做什么后做什么，层次井然、有条不紊。

（2）发散思维与收敛思维的统一

发散思维是以"放"为主的思维方式，收敛思维是以"收"为主的思维方式，"放"和"收"显然是对立的。但是，发散思维和收敛思维又是同一思维过程中的两个不同的阶段，在人们思维过程中互相依存、互相转化，所以是对立统一的。

发散思维离不开收敛思维。在运用发散思维的过程中，建立思维路径需要依据过去积累的思考成果。发散思维是多向性和开放性的思维方式，它对于创新非常重要，但是如果只发散不收敛，尽管可以发散出许多创造性的闪光火花，这些"闪光火花"却无法被整合成为一个集中的思维成果。若思维缺乏收敛能力，那么个体便难以控制思维方向也无法维持秩序，这样就会让个体陷入无序、混乱的思考状态。

收敛思维也离不开发散思维，思维发散是思维收敛的前提。收敛思维是以集中为特点的思维。而集中是在发散基础上的集中，没有发散也就无所谓集中，如果只有思维的收敛过程，而无发散过程，就会形成传统性、习惯性的思维，使思维陷入封闭、保守之中。这样就会对新事物、新领域视而不见、充耳不闻，从而扼杀思维的创造性和活力。

发散思维和收敛思维在思维过程中也是互相转化的。人们在实践中思考某一问题时，首先需要打开思路，进行多方面思考和探索，在此基础上提出方案，制定措施。当思维发散到一定程度后，便开始收敛，把思维理顺，把想出的方案、办法条理化，进行比较、筛选，从而确定解决问题的最佳方案、措施。然后，在新的基础上，再开始新的发散，进而在更高层次上进行收敛。科学思维就是发散、收敛、再发散、再收敛、再发散……循环往复以至无穷，波浪式前进，螺旋式上升，从而把思维推向更高水平。

（3）发散思维与收敛思维统一在创新中的意义

发散思维的显著特点是求异、求新，它对培养人们的创新意识具有重要意义。没有思维的发散过程，就不会发现新事物、新领域、新方法，因而也就不可能有发明创造。一个人在工作中或科学研究中思维发散面愈广，也就越能发现问题，一个思维封闭的人，是很难发现问题的。发现问题以后要解决问题，仍要继续发挥发散思维的作用，这就要从多方面、多途径寻找解决问题的办法。这时思维发散得越广，解决问题的办法越多，可供比较选择的余地越大，此时，取得最佳解决方案的可能性也越大，工作中的创造性也就更容易从中发挥出来。

思维收敛的特点在于求同和有序，它要求人们善于归纳总结，找出解决问题的最佳方案，找出规律性的东西。收敛思维的优势是运用经验、程序去思考问题和解决问题。

发散思维、收敛思维各有所长，我们要发挥其各自的长处，但又要防止片面性。既不能耽于发散思维，整日漫无边际地遐想，到头来两手空空，无所作为；也不能困于收敛思维，一切照章程办事，思想懒惰，不思进取。而应把二者结合起来，共同发挥其积极作用。

在实际思维中，应把二者统一起来，这才是现代思维的特点。

第二章 高校日语教学理论研究

本章的主要内容为高校日语教学理论研究，分别阐述高校日语教学法的科学内涵、高校日语教学法的基础理论、高校日语教学的基本原则、高校日语教学的目标体系、高校日语教学的相关要求。

第一节 高校日语教学法的科学内涵

一、日语教学与日语教学法

日语教学和其他教学活动一样，是一种有目的、有组织、有计划的活动。学生在教师指导下从假名开始学习日语知识，逐步掌握听、说、读、写等日语技能，这是个极其复杂的发展过程，这个发展过程具有客观规律。日语教学法就是研究日语教与学的过程及其规律的科学。

日语教学法这一概念包括以下要素：日语、日语教学、日语教学法。日语是指日本使用的语言以及与语言交际息息相关的社会文化知识。

日语教学是关于日语语言知识与技能的教与学的活动，具体指教师指导学生学习日语语言文化知识，掌握日语听、说、读、写等能力以及汉日语言互译能力、跨文化交际能力，同时帮助学生实现一定的身心发展，开展一定的思想品德的活动。学校的日语教学通常是在一定的教学目标指引下，按照既定的教学计划和大纲，采用符合教学目标和教学对象实际的教科书，在具有日语教学技能、日语知识和日语能力的教师的具体指导下，针对特定的教学对象实施的活动。

日语教学法还是研究日语（作为外语）教学理论和实践的科学。日语教学法不仅研究日语教学的基本理论，还研究日语教学的具体方法，如讲授法、翻译法、演绎法、练习法等。还要研究针对不同国别、不同年龄段、不同固有知识水平的教学对象开展教学时需要采取的方法和策略。因此，日语教学法既是研究理论的科学，也是师生围绕日语知识与技能展开的教与学的实践活动。

二、日语教学法的学科属性和体系

（一）日语教学法的学科属性

关于日语教学法的学科属性历来有所争论，有观点认为日语学科教学论是外语学科教学论的一个组成部分。外语学科教学论是教育科学的一个分支，因为它的研究对象是教师、学生、教材、课程、评价等外语教学中教育和教养过程的一般规律，所以日语教学法的学科体系也应该从属于教育科学。还有观点认为，日语教学法是从属于语言学的，是日语应用语言学的一个分支，因为指导学生掌握日语语言知识和言语技能是日语教学法研究的根本任务，日语教学法的研究离不开日语语言知识和语言文化背景。因此，日语教学法是日语语言学理论在教学中的实际应用。

我们认为这两种观点都有其合理性。日语教学法是一门涉及多学科的边缘性科学，与英语教学法、俄语教学法等同属外语分科教学法，是普通外语教学法的一个分支。普通外语教学法探讨各科外语教学的普遍规律，它源于各分科外语教学法，也指导各科外语教学法。日语教学法既是一个科学概念，又是高等师范院校日语教育专业的必修课程，是一个课程名称。

（二）日语教学法的体系

日语教学法的体系组成有两层含义，一是指它的广义内涵，又称为亚体系；二是指它的狭义内涵，即教学法所包含的内容。

从广义看，日语教学法的亚体系由基本理论、基本知识、基本实践、基本操作、专业思想组成。

（1）基本理论。它包括一般语言观、心理观、教育观以及相应的规律、模式、原理，如语言知识和言语技能的统一、智力因素和非智力因素的统一、教学和教育的统一等。基本理论也包括具体的日语教学观点、原则、路子，如听说读写并举，语音、语法、词汇综合，学习和习得结合等。

（2）基本知识。基本知识是基本理论的应用，包括各个方面的教学方法、方式，各种类型的教学手段、技术的运用和使用，以及有关的道理和说明等。具体的语言知识教学法、言语技能教学法、课外活动组织法、现代化教育技术手段使用法，以及强化性和艺术性教学法等，都属于基本知识之列。当然，基本知识和基本理论的划分是相对的。

（3）基本实践。它指的是教师在实际教学中初步应用日语教学法的基础知识和基本理论，这类实践活动具备训练的意味。在实际操作中，实践者必须积极挖掘自己的创造潜能。基本实践的主要形式是教育实习、见习、评议会、讨论会等，包括听课、备课、写教案、上课、批改作业、辅导、家庭访问、指导课外活动等一系列的教学实践。其主要目的是通过实践形成能力。

（4）基本操作。它是指日语教学中的技艺性或技术性的活动，如板书和黑板使用的整体设计、简笔画的画法和构思，以及各种电化教具的使用方法和操作技巧、在线课程指导等。这些都是日语教师的基本功，是本学科的组成部分。

（5）专业思想。发自内心希望自己能成为一名合格日语教师的专业思想是学习和研究日语教学法学科的出发点和归宿。本学科的广度、深度、难度，学科教师和发展所需要的思想修养、文化修养、逻辑修养等，都会促使日语教育研究者、工作者对之产生兴趣，进而转化为对日语教学工作的兴趣，这也会促进专业思想的树立和巩固。

从狭义看，日语教学法的组成成分主要分为两大部分：教学思想和课程设计。课程设计可分为教学目的、教学内容、教学流程、教学方法四个部分。教学思想是课程设计的指导思想和原则，课程设计是教学思想的体现。不同教学法体系首先表现在教学思想上，进而也会体现在课程设计上。

教学思想是对语言特性及其社会功能、对语言掌握、对母语和日语掌握过程的异同等的认识以及组织教学过程的原则。

教学目的指确定课程的教学目的。教学内容兼指教学内容范围、选择标准、量时比及组合教学内容的体系和原则、编排顺序等的设计。教学流程指整个教学过程组织的设计，如课程整体安排、教学阶段的划分和衔接、课型和分工、课内教学和课外教学的配合与分工等的原则。教学方法指课内外教学基本模式的设计。

三、日语教学法研究的对象

日语教学法主要研究"为什么教（学）？教（学）什么？怎么教（学）？教（学）得怎么样？"等问题，归根结底是教学的基本过程。

教学过程是一个系统，首先体现的是由教师到学生的"人—人系统"，它是由教师、学生、教学目的及教材、教学方法等要素构成的。教学的培养目标决定着课程的设置、教科书的选择和教学评价的方法、标准等，这与教育学、心理学联系密切。

教学的具体内容是日语语言和日本文化，这与日语语言文化密不可分。教学过程中会应用到教学设备、现代教学技术手段，这涉及教学方法与策略。这些都是日语教学法要研究的重要课题。归纳起来，日语教学法的研究对象主要包括下列几个方面。

（一）日语教学的意义

属于这方面应研究的问题有：第一，学习日语对于个人发展和国家建设的意义；第二，学制与学时。在哪一类学校、哪一个年级开设日语，学时多少；第三，日语教学的教育、教养、实用目的及其相互关系，日语教学在实用方面的总目的和各年级的教学目标与要求；第四，各级教育部门有关日语教学的规定。

（二）日语教学的内容

这方面主要是研究教学内容。国家颁布的各层级教学规定了内容范围。教科书根据大纲的要求按照一定顺序编排、选择具体内容，因此研究"教什么"和"学什么"的实质是研究教科书问题，如编写和选用教科书的原则、分析教科书的结构和体系等。

（三）日语教学的方法

教学是师生的双边活动，要研究如何教必须先研究如何学。属于如何学的问题包括：第一，学生在日语教学中的地位；第二，学生学习日语的心理过程；第三，从学习者角度看决定日语学习质量的诸多因素，如学习态度、学习兴趣、学习动机、学习外语的适合性（素质）等。

属于如何教的问题包括：第一，日语教学法的理论基础；第二，各种外语教学法流派的理论和实践；第三，适合我国日语教学的理论、原则以及与此相应的日语语音、语法、词汇等基础知识教学和听说读写基本技巧的训练方法；第四，日语课堂教学和成绩考核；第五，现代教育新技术，除了传统的录音、录像、广播、电视外，最新的网络媒体对日语教学的影响等。

（四）影响和制约日语教学的因素

任何教学过程都是具体的，都是在一定的时空范围内开展的，有制约它的诸要素存在。例如教学行政管理、教育政策、教师能力素质、教育评价机制等。要解决为什么教、教什么和怎样教的问题，可以利用相邻科学的研究成果和理论，但是不能抽象、机械地引用，因为这些相邻科学的任务需要回答的问题与日语教学法不同。

教育学的任务是探索一般的教育教学规律，心理学研究人们一般的心理规律和接受一般教育、教学时的心理规律，语言学研究语言本质、人们习得语言和运用语言的一般规律，这些理论有助于日语教学法的研究，但是它们不能直接、具体地回答日语教学过程中的诸多问题。不断地回答、解决日语教学过程中出现的新问题是日语教学法研究的根本任务。

四、日语教学法的研究途径和方法

（一）日语教学的研究途径

1. 以史为鉴

日语作为外语教学在我国已有百余年的历史。自1896年清政府在北京同文馆内设立了东文馆（日文馆）起，中国就开始把日语作为外语纳入教育领域。可以说，日语教学在我国起源于近代，发展于改革开放以后。作为外语教学的一个分支，日语教学法研究受到以英语教学法为主体的外语教学法的影响。

从外语教学法发展历程来看，我国的日语教学先后经历了翻译法（语法翻译法、词汇翻译法、翻译比较法）、直接法、自觉对比法、口语法、视听法、认知法、自觉实践法、功能法等发展阶段和过程。每一种教学方法都有其合理性和不足之处，继承和借鉴已有的教学法，古为今用，洋为中用，取其精华，对丰富和发展日语教学法有现实意义。

2. 吸收兼容

与日语教学法相关联的其他学科不断发展，取得新的成果，其中必有能够为我所用的学科理论可以与日语教学实践相结合，指导教学实践，这也是丰富日语教学法的理论宝库。

3. 借鉴国外

20世纪60年代日本经济崛起，日本成为世界经济强国，强大的经济实力也促进了日本的国际化发展。生存压力、少子化等社会问题的产生也促使日本政府以及民间团体纷纷采取措施，大量吸收海外留学生，间接地促进了日本本土的日语教育者研究对外日语教学法。半个多世纪之后，这些来自日本本土的对外日语教学理论为我国日语教学提供了很多可供借鉴的经验。

（二）日语教学法的研究方法

1. 研究课题分类

日语教学法的研究课题，按照性质和作用可以分为两大类。第一类是理论性的，其表现形式为专题论文和专著；第二类是实用性的，其表现形式是各种教学文件和资料，包括教学大纲、教材、考题、工具书、参考书等。

2. 研究方法分类

社会科学的一般研究方法有：观察、文献分析、面谈、问卷、测试、总结、实践和实验等。

（1）历史文献法。它又称为历史法和文献法，就是研读国内外各个历史时期关于针对中国人开展日语教学的论述、专题论文、专著，分析、整理、研究各个时期的教学大纲、教材、考题等，从阅读文献入手，以历史的、发展的、批判的眼光探索日语教学理论与实践规律的研究方法。

（2）观察调查法。这是通过对教学现场的观察和调查取得有关资料进行研究的教学方法。观察的对象可以是教师本人，通过微课教学设备录制实验课全过程，课后进行观察。观察的对象也可以是他人的现场教学，获得一手的观察资料和数据开展调查。

调查旨在取得难以直接观察到的资料，如为了评价贯彻某个大纲、使用某部教科书、采用某种教学方法的实践效果，除了观察教学现场之外，同时组织各种调查。

观察调查法主要包括教学现场观察、专门组织的调查测试、学生的作业或试卷调查分析、某一专题问卷调查、谈话调查等。观察和调查的资料与数据要进行归类整理和分析，综合研究后才能得出结论。

（3）实验法。这是一种通过教学实践验证原有假设或理论的方法。按实验目的又可分为试证法和实验法。

试证法旨在通过教学实践验证实验前提出的假设。通常用于探索性研究。一般情况是：研究者在阅读文献或在教学实践中得到某些启发，形成某种设想或假设，然后组织试证教学，以期验证自己的假设是否科学、是否可行。

实验法旨在通过教学实践，验证前人或他人的某种理论是否有效和可行。通常用于评论性研究。在许多情况下，在验证前人或他人理论时，研究者往往加上自己实施这一理论的一些补充设想。这样的实验，就兼有试证的性质。在现实的教学实验中，采用纯粹实验法较少，采用兼有试证性质又有实验性质的实验法较多。

（4）比较分析法。随着日本经济高度增长期的到来，经济发展需求与少子化产生的劳动力不足产生矛盾。日本自20世纪80年代以来，高度重视海外留学生的招收和教育，对日语非母语的学习者的日语教育问题研究水平高，成果丰硕。这些日语非母语的学习者或者是以英语为母语，或者是以其他语言为母语，不同母语文化对日语教育教学的研究有不同的影响，结论也不相同。

当直接借鉴在日本针对中国学生开展的日语教育研究成果时，由于中国、日本两个国家不同教学环境存在差异，可以采取比较分析的方法，研究不同文化背景、不同语言教学环境下的教学法理论和方法。同为外语教学法学科体系的英语教学、俄语教学的理论与方法也有助于丰富和发展日语教学法的理论，以及指导日语教学实践。

在比较法上可以采取纵向比较（如针对不同国别学习者日语教学法的比较）、横向比较（如英语教学法与日语教学法的比较；实验组与对照组的比较）、同类比较（如在中国的日语学习者和在日本的中国人日语学习者的日语教学比较）、相异比较（如男、女日语教学法比较）、定性与定量比较（如影响语教学的因素与影响值）等方法。

（5）经验总结法。日语教学是实践的过程，教学经验来源于教学实践，只有认真且科学地总结经验，并上升到理论高度，才能在更广泛的范畴内指导教学实践活动。总结经验需要我们具有明确的科学研究意识、选准研究课题与对象、把握方针政策、掌握国内外研究现状、制定研究计划、搜集具体事实，在此基础上进行分析和综合，并广泛论证，总结成果。

3. 研究工作的一般步骤

（1）准备阶段。这个阶段有两项主要工作：准备研究条件和拟定研究计划。

准备研究条件包括：收集文献资料（文献分析法），确定需要观察的班级及需要调查和收集的资料，编写调查测试用考题、问卷，选定各项活动的对象（观察调查法），准备实验用品（实验法）。

研究计划内容包括：研究课题，研究的目的和意义，研究内容的提纲初稿，工作进程，各阶段完成日期。

准备条件和拟定计划这两项工作常常交叉进行。例如，要准备文献资料，先要取得课题，而要取得课题，又往往需要准备必要的条件。

（2）计划实施阶段。准备工作基本就绪，开始按计划开展研究活动：阅读文献、观察、调查、实验。在这一阶段必须做好文献摘录及各种资料的记录、收集、整理、分类等工作。

（3）分析判断阶段。资料收集齐全、实验完成，就要对取得的各种资料从定量到定性两方面进行统计、分析、归纳、判断，得出有规律性的、有说服力的或者有启迪性的结论，而后形成观点。

（4）表述阶段。有了资料、观点，就可以正式构思论文的结构和内容，把研究活动的结构用文字表达出来，写出言之有物、立论有据、有观点、有材料的论文。

在实践研究工作中，后几个阶段的活动也可能有交叉。例如，在分析判断阶段，甚至在表述阶段，可能发现某些资料不足，因而需要再次收集资料，在对资料进行整理和分类时，就可能需要进行初步的归纳和判断。所以，上述工作步骤只能是一般的划分。

五、对日语教学法的认识误区

（一）否认日语教学法的科学性

认为教学法是语言学、心理学、教育学理论的拼装，不是一门独立科学，或者把教学法与应用语言学、心理语言学、社会语言学等同起来，认为与其学习教法不如学习这些科学更有价值。的确，日语教学法与这些科学关系密切，但是，每一门科学都有其独特的研究对象、研究任务、研究方法，能够有助于日语教学取得最佳效果的只有日语教学法。

有些教师不掌握日语教学理论，或者没有认真研究教学方法，对教学的认知来源于他的老师，在讲台上只能是机械地模仿自己的老师，属于感性认识、经验主义认识。这个模仿的方法是否符合教学目标、是否能保证教学质量，以及是否能达到预期效果是难以保证的。如何上好一堂课，不懂得教学法的教师很难科学地作出回答，那么这节课的教学质量就可想而知了。

（二）把日语水平与教学法水平等同

认为日语水平高，就一定能做好日语教学工作。日语水平是日语教学的前提基础和教学质量的保证，但是，不是所有会日语、日语知识丰富的人都能做合格的日语教师。例如，不是所有的日本人都擅长日语教学；精通日语的翻译家不一定懂得教学法，也不一定是优秀的日语教师。可以肯定地说，外语水平高的教师不懂得教学法，教学水平也不一定高。

（三）把教学法水平与口头表达能力混淆

口头表达能力强意味着教师能清楚表达自己的思想意图。良好的学科基础、良好的口头表达，是教学质量保证的必要条件。但是日语教学是研究日语教学过程的科学，研究对象包括复杂多变的人，不懂得教学规律、人的学习心理等，口头表达就难得要领，也难以把握教学的关键。所以口头表达能力强不是取得教学效果的唯一条件。

（四）对教学方法唯一性的认识

许多青年教师教学实践经验少，教育理论知识基本功不够扎实，在研究教学法时容易陷入标准唯一的误区，也就是希望在教学中找到一个模板，无论什么课程、无论面对何种教学对象，"一招鲜吃遍天"。如认为让学生动起来就是一堂好课，不顾是否适合教学内容、教学目的，一味地采取多种形式的课堂练习，流于形式；再如，认为教学法理论无用，教师可以各自为政，平行班教学时，"你用你的方法，我用我的方法"，反对教学方法唯一。

诚然，具体的教学方法是多种多样的，不能强求一律采用同样的方法。但是，这样的不一致是在教学基本理论指导下开展的，是对基本教学法理论的不同诠释和演绎，这是在创造性地灵活应用教学法，而不是无标准无原则的随意行为。

（五）过度强调学生自主学习能力，忽视教师作用

在强调自我学习、独立学习、终身学习的今天，在信息技术高度发达、知识获得方式不断增多的今天，学生的自主学习能力的确有所提高，但是，教师的作用依然不能被忽视。随着高等教育改革不断深入，对人才培养规格和质量的标准也不断提高，日语专业人才培养从精英型、研究型转变为应用型、复合型。

这绝不意味着人才培养质量的下降，而是对学生专业能力的提高和知识领域的扩大提出的新要求。在有限的课堂教学时间内完成更多的教学任务目标，意味着教师的有效学习指导必须达到新的高度，否则，学生靠自我摸索经验、死记硬

背是难以完成学习任务的。因此，不能只重视提倡学生自主学习而忽视对教师指导学生学习的研究，不能忽视教师的作用。

（六）不能恰当处理教与学的关系

有这样的教师，其具有很高的日语水平，掌握一定的教学方法，有很强的责任心，希望他所教的学生都能学有所成，而这也正是一名优秀教师的标准。但是，在教学过程中，有些教师总是担心学生学不会，讲授知识面面俱到，唯恐遗漏，认为学生只要跟随他的指挥棒就能学精、学好，所以总觉得课时不够，对学生的学习指导讲授工作虽然全神贯注，而忽视学生的主观能动性。这是把握不好"如何教学生学习"的问题，归根结底还是没有把握好"教与学"的关系，这种类型的教学无法有效刺激学生对学习的兴趣，更无法有效提升学生的自主学习能力。

（七）把教学经验与教学法水平相混淆

作为一门科学，教学法的理论来源于教学实践，来源于前人对教学经验的总结，教学法理论又接受教学实践的检验，教师学习教学法理论，必须应用到教学实践中才算是真正掌握。教学经验终究不等同于教学法理论，实践经验只有上升到理论高度才能指导实践，并且要经过实践的检验才可以称之为科学理论。教师的教学活动是针对人的，学生不是实验品，不能用每一届的学生做实验，在培养教学经验和能力的过程中，有责任心和教师道德的人不会把教学经验与教学法水平混为一谈。

第二节 高校日语教学法的基础理论

本节主要论述的内容包括：日语教学法与哲学、教育学、心理学、语言学、社会学、人类学、系统科学、现代教育技术的关系。

一、日语教学法与哲学

在日语教学法中，辩证唯物主义的认识论和方法论发挥着关键作用，为该教学法提供了理论支持和基础。哲学方面的知识对于日语教学的重要性是比较突出的，其相关理论能够为我们提供一个有用的工具，帮助我们认识和明白在日语教学中所遇到的各种矛盾，并能够帮助教师鼓励学生正确解决这些问题。

在研究教育科学时，我们要肯定教学规律是客观存在的，不以人们的主观意志为转移，同时还要认识到随着科学的进步、时代的发展，我们对教学方法的研究也要随之发展变化。就外语教学法体系而言，经历了语法翻译法、直接法、自觉对比法、口语法、视听法、认知法、自觉实践法、功能法、交际法等阶段，每一个教学方法的出现，都是与各种方法相互交叉、互为补充的，是为适应当时社会历史时期外语教学需求而产生的。每一种方法的产生又对旧的教学方法产生了推进和促进作用，完善了旧的教学方法所没有涵盖的内容。

辩证唯物主义关于发展的观点揭示了人们对外语教学发展过程和一般规律的认识过程。此外，任何教学法理论都要受到教学实践的检验。外语教学是一个多组成（教学内容的多样性）、多层次（教学目的的多样性）、多因素的复杂过程，存在多重矛盾，在探索过程的规律，观察矛盾的对立、统一和发展时，必须联系具体的时间、地点、对象、条件，注意矛盾的共性和个性，注意矛盾的主要方面，坚持具体问题具体分析。马克思主义哲学观点是我们研究日语教学法的根本思想武器。

二、日语教学法与教育学

教育学要求把日语教学作为整个教育活动的一个组成部分，促进学生的全面发展，日语教学既是教育的目的，又是教育的手段。教育学所阐明的原理、原则对整个学校教育、对学校的各门课程都有指导作用。

教学论也称普通教学法，是教育学的一个重要组成部分或分支，它专门研究教学过程及其规律。教学论和学科教学法，包括外语教学法中的日语教学法，既有密切联系又有区别。教学论研究学校各门课程的一般教学过程和规律，它所论述的教学原理、原则及教学方法是从各门学科教学法大量材料中分析、概括、提炼出来的，对各门学科的教学都有指导意义。而学科教学论在研究学科教学理论的同时，一方面要以教学论所阐述的原理和原则为指导，另一方面又要以自己的研究成果充实和丰富教学论。教学论是教育科学中与日语教学法有直接关系的科学。

三、日语教学法与心理学

心理学是研究人们的心理过程，研究人们的思维、记忆、想象、意志等心理过程及其规律的科学。人的心理就是脑的特征，生理是心理的基础。教学活动是师生的共同活动，教学的成败取决于师生双方的积极性。学习的过程是认知的过程，与心理活动密不可分。为把教学组织得合理并卓有成效，必须关注教学实施者的教师心理和作为教学主体的学生心理，了解他们的一般生理和心理特点，掌握师生在教学过程中的心理规律、智力因素、非智力因素和个性因素的和谐。行为主义心理学和认知心理学的基本规律是指导日语技能训练和日语学习能力培养的重要依据。心理学可以指导教师和学生在教学过程中找到动机、自尊、自信、自觉性、自主感、记忆技巧及规律等。

教育心理学是研究学生在教育影响下形成道德和品质、掌握知识和技能、发展智力和个性的心理规律，是与口语教学法紧密相邻的学科。教育心理学关于学习动机、兴趣、学习知觉、表象、思维的相互作用的研究，关于掌握知识和技能的心理规律的研究等，都与日语教学法有着直接的关系。

心理语言学或语言心理学研究语言的心理规律，尤其关注人们对母语和第二语言的习得情况以及学习、使用过程。其中语言习得与学习是重要的研究方向。关注不同年龄、母语水平、学习环境和学习动因、学习内容对第二语言学习的影响，心理语言学的研究成果有助于日语教学法建立新的理论，对教学实践有指导作用。

四、日语教学法与语言学

语言是交际的最重要的工具。学习语言要注意它的物质结构，更要注重其交际功能。任何外语课程的最终目标都是要使学生利用所掌握的语言知识达到交际的目的。语言是思维的外壳，母语水平是思维能力的重要反映，母语思维习惯对外语思维习惯的养成具有干扰作用。

语言和言语是不同的概念。

语言是音义结合的词汇和语法的体系，言语是在特定的语境中为完成特定任务时对语言的使用。语言和言语互为依存。语言的社会功能表现为言语时才能体现言语要以语言为基础，不能脱离语言规则。语言是体系，言语是行为。

语言和言语的关系表明，外语教学的最终目的应该是培养言语能力或交际能力，外语教学的内容不仅指语言知识，也指听说读写行为，教学方法不仅要根据学习语言知识的需要进行设计，更要根据培养听说读写的能力需要进行设计。

五、日语教学法与社会学

语言与社会的关系是辩证的，它们存在着错综复杂的关系。社会的本质是人和组织形式：人，确定了社会的规模和活动状态；组织形式，决定了社会的性质。语言是一种集体的实践，是人类的一个重要特征，可以用于区分人类与其他动物。它在人际交往中起着至关重要的作用，同时它也是文化和人类紧密结合的媒介。随着社会的发展，语言也在不断进化、演变。

文化也是一种社会现象和社会精神力量，是人们通过长期的社会实践创造和形成的产物，是社会历史的积淀物。

语言的创造为人类带来了文化，而文化的影响又进一步推动了人类的进步。

社会学理论是社会学家思想的结晶。从孔德的实证主义到吉登斯的结构化理论，从严复的《群学肆言》到孙立平的《断裂》三部曲，社会学理论的发展走过了近200年的历史。

其间，很多社会学家提出了不同的思想，甚至创立了特定的学派。这些思想经过演化，最终被归纳于社会学理论范畴。

社会学的功能论、冲突论、过程论、符号互动论、批判论和结构化理论以及产生自20世纪80年代之后的新功能主义、沟通行动理论、结构化理论、实践社会学理论、理性选择理论、互动仪式链、后现代主义等当代社会学理论，有助于我们正确认识和准确理解各国的社会结构、性质，也有助于我们了解该国的社会现象，即语言和文化。因此，在日语教学过程中，社会学的理论对语言教学与语言文化教学有重要指导意义。

此外，社会学要求教学要构建集体的和谐、师生和谐、学生间和谐、教师间和谐、教师与学生家长的和谐、学生和家长的和谐。这些和谐是指心理上、认识上、情感上、行动上的和谐统一，和谐理论是学校教育、语言交际、语言学习理论的基础理论之一。

六、日语教学法与人类学

语言是人类社会生活不可缺少的一个部分。现代语言学主要来源于两大传统：语文学传统和人类学传统。

语文学传统从比较语言学和历史语言学开始，根据文学作品和书面文献的研究对语言进行分析和比较，强调语言的自然属性，把语言看成一个封闭的、独立的系统，把语言学看成一门横跨人文科学和自然科学的独立的边缘科学；人类学传统指运用人类学方法去研究没有书写系统和文字传统的社会集团的语言，即把语言学看作是一门社会科学，把语言置于社会文化的大环境中进行研究。

人类语言学的研究传统诱发了文化语言学的出现和兴起，通过从文化的角度来考察语言的交际过程，语言学家们发现人们在语言交际过程中不仅涉及语言系统，而且涉及同语言系统紧密关联并赖以生存的文化系统。

从人类文化学角度研究日语教育问题，就要求我们在教学中要注意文化交叉并在语言中导入文化，在文化中教语言，二者要相互促进。中日文化有差异也有相通之处，日语学习的一个重要任务就是在语言学习过程中达成跨文化理解。从文化的角度学习日语，语言情境和功能的问题就会迎刃而解，交际的目的也容易实现。

七、日语教学法与系统科学

系统论是把认识对象作为系统来认识。日语教学法的认识对象是日语教学，把日语教学看作系统，则必然要采用系统论的方法处理日语教学的有关问题。

系统由多个组件构成，它们相互合作、相互衔接，根据一定的级别层次进行配合，最终形成拥有特定功能的整体。因此，我们可以将系统看作一个整体。在教育科学中，人们长期研究学生、教师、教材、班级等教学组成部分，说明人们思想中还没有把教学作为一个整体对待。在应用语言学研究中，人们专注于语言教学的客观性，较少触及学习主体，基本不谈教育环境，这违背了外语教学的基本规律。所以，我们强调日语教学是一个系统，这是基本的教学观点。

从系统论的观点出发研究日语教学法，有以下意义：第一，有助于教师准确把握教育目标，明确日语教育是学校教育中的一个要素，要服从教育的整体目标；第二，有助于教师明确教学任务，不能只管教不管学；第三，有助于指导教师宏观把握教学内容，不是只了解某一课、某一册书，而是要建立系统的知识结构，明确册、课是教材的要素、子要素，而教材又是教学的要素；第四，有助于教师克服语言环境困难，利用现有教学条件，不断提供外在语言环境体系系统，为学生学习创造条件。

八、日语教学法与现代教育技术

教育技术旨在通过设计、开发、运用、管理和评价理论与实践等方式，优化教育领域的学习过程和资源。学习资源和学习过程是教育技术研究的重点。

《教育技术手册》将教育技术分成三个密切相关、不可分割的部分，具体如下：第一部分，硬件，即技术设备和适用于教学的系统；第二部分，软件，指的是基于硬件而设计的教学资料；第三部分，潜件，包含理论概念和相关学科研究的结果。因此，教育技术具备以下三种基本属性。

首先，通过系统地分析和解决日语学习问题，教育技术旨在展现最优教学效果。

其次，在教育领域中，教育技术有有形、无形两类技术。前者指的是运用自然科学和工程技术的成果，以物理形态为基础，为提高日语教学效率而设计的技术。这种技术涵盖传统的教学工具，如黑板和粉笔，以及为教学提供的场所、器材和设备等。此外，它还涵盖现代先进技术，如软件、多媒体计算机和网络等。后者指的是利用教育学、心理学、系统科学、传播学领域的研究成果，促进教育工程的优化的技术。

最后，利用所有可用的学习资源，研发教育技术，以实现特定的教育目标。

现代化教育技术主张从现代教育理论出发，开展日语教育、教学实践等活动。作为一种教育体系，现代教育技术涵盖以下几方面内容。

第一，利用最先进的技术手段，例如在日语教学中应用现代化的教育工具。

第二，运用现代教学媒介进行日语教育和教学活动，采用多媒体教学法。

第三，设计系统化的教学流程来优化日语教育和教学过程。

随着网络的普及，微课、慕课、翻转课堂、在线学习等已经逐步出现在日语教学活动中，现代教育技术对日语教学的影响作用越来越大。

第三节　高校日语教学的基本原则

教学原则的目的在于指导和调节教学活动，以确保其顺利、有效。它能够为教师提供积极有效地开展教学活动的依据。

普通教学原则包括有序性原则、教学最优化原则等。

在教育教学过程中，有序性原则表示教师按照学科的逻辑结构以及学生身心发展的情况，有系统、有计划地授课，进而帮助学生有效地学习科学知识，促进他们综合素质的提升。

教学最优化原则指的是在教学过程中，教师需要综合考虑各种因素对教学效果的影响，并采取最佳调控措施，以取得最佳的教学效果。

日语教学原则是日语教学规律的反映，是在一定的教学原理指导下对学生掌握语言知识和语言技能的基本路子、途径的总说明。不同的外语教学法流派的理论根据不同，对外语教学规律的认识也不同，对反映教学规律的教学原则的认识也不一致。日语教学首先要遵循教学一般原则，还要根据语言学、心理学、教育学、生理学、系统论等科学的最新研究成果，吸取各教学法流派的优点，制定适合我国学习者开展日语教学的基本原则。

21世纪教育的终极目标就是培养全面发展的人才。作为国民教育的一个组成部分，日语教学也肩负着这个使命。人的发展包括内因和外因两个因素。内因是指正常的健康的个体身心内部发展要素，主要有两个方面：一是遗传素质，二是人的主观能动性。

遗传素质是生物因素，是人的发展的物质基础和前提条件。遗传素质的成熟程度，制约着人的身心发展。主观能动性属于心理范畴，人的主观能动性的性质、方向和水平都离不开教育的培养和塑造。

人的发展的外因是指影响个体发展的一切外部客观条件，它包括自然条件和社会条件，在外语教学中通常我们称之为语言教学环境。人的发展内部因素和外部因素是通过实践活动和教育活动实现和谐统一的。

人的发展是教育的宏观目标。外语教学的具体目标是掌握语言知识，培养语言技能，实现这一目标，必须通过教师的教学实践和学生的语言实践来完成。日语教学原则必须遵循教育方针，符合教学规律和语言学习规律，为完成语言教学的根本任务服务。从这个意义上讲，我们把日语教学原则体系归纳如下。

一、以提高学生综合素质为目标的原则

人的素质是指人所具有的从事某种活动的生理、心理条件或身心发展水平。其中包括人的先天禀赋和被内化了的后天教育、影响诸因素。人的素质可分为个体（个人素质）的和群体的（民族素质等）。

就个体的人来说，其素质又有生理的（身体的）的和心理的等诸项。其中心理的既包括知觉、记忆、想象、思维、情绪、情感等与生俱来的心理特质，也包括被内化的属于文化范畴的政治的、思想的、道德的等社会性心理内容。

日语教学除了使学生掌握日语知识和技能外，还要通过日语课内外的学习提高文化修养，受到思想教育、道德教育、人生观价值观的教育，同时还要开启学生智力，培养能力，把日语教学与人的全面发展这一教育教养任务有机结合起来。提高学生的综合素质，对教师有如下要求。

（1）在教学过程中要注重挖掘学生的智力潜能，发展学生的智力水平。外

语学习的智力要素主要包括语言感知能力、观察力、记忆力、联想力、逻辑思维能力、创造力以及学生的自学能力。

（2）在教学活动中要注重对学生进行四项基本技能的培养，我们称之为外语学习的能力要素。它包括听解能力、会话能力、阅读能力、写作能力，也有学者把翻译能力也纳入外语能力要素范畴。

二、有效激发学生学习动机的原则

"有领导的认识"是教学活动的特点之一。没有教师的主导作用，学生是难自行达成掌握陌生语言文化知识和技能的任务的。

教学任务的完成和教学效果的达成，是教师担负的主要责任。但是，教学活动的中心是学生。对于一名教师而言，其关键的使命是激发学生的好奇心和兴趣，帮助他们热情地学习日语，同时鼓励他们主动开始学习。如果能够掌握这一点，学生就可以真正掌握语言知识和技能，并发展智力、成熟态度和情感，否则他们将无法为日后的日语实践打下基础。

学生学习的内在动力被称为学习动机，它可以激励和引导学生开展学习活动。学习动机是一种强大的推动力量，它所涉及的心理因素包括但不限于学习的需要、对学习的必要性的看法和信念，以及对学习产生的热情、个人喜好和常规行为等。

学生的学习动机可以通过教育教学过程加以培养。培养学生的学习动机对教师有如下要求。

（1）要通过目标设立、奖惩机制、选择受关注的热点问题等激发、启发学生的学习自觉性。

（2）要激发学生的好奇心与求知欲，帮助学生通过直观或实践活动形成稳定的学习兴趣。

（3）根据阿特金森的成就动机理论，需要给学生提供难易度系数为50%的学习内容，因为这个难易系数度激发学生的学习动机最强。

（4）对于缺乏学习动力的学生，还可以利用其爱好诸如日本动漫、网络游戏等原有动机，通过必须掌握知识才能完成的影视欣赏或游戏任务造成动机的迁移，以形成学习的需要。

当学生已经有了种种学习需要之后，为了将其维持、加强或进一步发展，还必须做好动机的激发工作。激发学生的学习动机，对教师的要求如下。

（1）采取启发式教学、讨论式教学、辩论式教学等新颖而生动的教学方法，激发学生的参与语言实践活动意识，提高其语言应用能力和水平。

（2）创设问题情境启发学生积极思维。为确保新学习内容与学生已有知识紧密衔接，教师需要详细了解教材的组织结构和新旧知识之间的关联，同时需要熟悉学生的现有认知水平。这将有助于教师建立合适的教学桥梁，促进学生的学习。实际上，有多种方式可以使问题情境呈现出来，例如教师提问、布置作业，或者教师可以从旧教材与新教材之间的连结角度出发，基于学生日常经验的基础开展教学活动。在教学过程和教学结束时，也可以创设问题情境。问题情境创设的方式可以多种多样，并且应该贯穿整个教学过程。

（3）营造轻松自由的课堂气氛，避免学生过度紧张和焦虑。

（4）适当开展学习竞赛，处理好竞争与合作的关系，建设合作型课堂结构。在同一团体中，不同成员实现目标所获得的奖励有所区别，因此，不同成员之间会存在的相互作用也会有所差异。

相关研究结果显示，个体之间的相互作用可归纳为三种类型：相互抵抗、相互促进和相互独立。每一种相互作用对应一种现实课堂目标结构，分别是竞争型、合作型、个体化型。在竞争型目标结构（competitive goal structure）中，团体成员之间的目标具有对抗性。只有其他人达不到目标时，某一个体才有可能达到目标，取得成功；如果其他人成功了，则降低了某一个体成功的可能性。

三、教师指导和学生自觉学习相结合的原则

在教学活动中，到底应该以教师为中心还是应该以学生为中心，一直是教育史上重大的争论问题。如赫尔巴特所强调的"教师的权威"主张"教师主体"；杜威提出的"儿童中心论"主张"学生主体"。

就教育过程的本质和教师的作用来说，教师在教育教学过程中担任主导角色。

首先，教师对学生的成长和素质标准有着至关重要的影响，因为教师是贯彻执行教育方针和教育计划的主要角色。

其次，教育是一个有目的性、系统性规划的培训过程，它需要教育者有组织、有计划地对学生进行指导和引导，以便促进学生的个人成长和发展。虽然教育工具如教学大纲、教学计划和教科书等能够发挥一定的作用，但教师在塑造人的过程中所起的作用是无可替代的。

最后，由于经过专业训练，教师往往已经掌握教育规律和教学方法，拥有扎实的学科知识和丰富的教学经验。因而，只有在得到教师辅导的情况下，学生才能在有限时间内取得最佳的学习成效。

但是，我们也应该看到，教育过程是师生的双边活动，也必然离不开学生的积极主动参与。调动学生的积极性与主动性，不仅是教师主导作用的内涵之一，也是衡量教师主导作用发挥程度的重要标志。因此，我们说，从整体上看，在教与学对应的主客体地位上，占据主导地位的是教师。

教师必须认识到学生在教学过程中的重要性，必须予以充分尊重，这样教师才能在教学活动中发挥主导作用。要提高教学效果，教师必须充分认识和重视学生在学习活动中的主体地位，这是极为关键、极为根本的。教师开展教学时需要刺激学生内在的学习动机，让他们自发地投入学习中，以促进其对知识的深入理解和掌握。

教师要面向每一个学生，充分了解学生。现代教育强调，不能够要求学生适应教育，而是要使教育适应学生。

四、创设各种形式的语言学习环境原则

中国的日语教学有一个显著的特点，即采用间接的方式强化学生对日语的认知，学生主要通过书本学习来掌握知识。

生活中的语言是鲜活的，有时候语言规则也不能完全解答现实中所使用的语言现象。并且日语作为一门外语，与学生的生活经验之间存在着很大的距离，很多学生甚至从未接触过日语。人的认知经验通常表现为从感性的直接体验逐步上

升到理性的抽象思维。如果没有感性的基础和具体的形象启发，学生就难以真正理解某种语言概念及其文化背景知识。

通常情况下，书本记录的内容常常与学生的日常生活有所出入，这就导致很多学生无法顺利地理解书本知识的内涵，更无法对其加以运用。创设多种形式的语言环境和语言学习环境，对学生的成长有重要意义。

创设语境可以采取如下措施。

（1）模像直观。模像直观强调用多种方式来模拟实际事务，如展示图片、图表、模型和幻灯片，以及录音、录像，或者通过电影和电视等手段进行展示，以此来更加准确生动地呈现某些内容。尽管实物直观非常真实有效，但客观存在的实际限制往往使其难以被人们顺畅运用。与之相对，用模像直观的方式呈现信息可以弥补实物直观所存在的不足。随着现代技术被广泛应用于教育领域，模像直观呈现的应用范围更加广泛，能够更好地帮助我们理解历史和现实。同时，一些技术手段也成为我们创造这种直观效果的重要工具。

（2）语言直观。通过语言直观，教师可以更形象地解释某些概念，进而能够让学生通过自己已有的知识和经验来理解新的概念，从而增强学生的感性认知能力。也就是说，这种方法可以让学生更直观地理解概念，从而获得更好的教学效果。

（3）完善教学条件设施。在科学技术高度发达的当代，日语教学外部环境已经达到一个相当的水平，日语教学所需要的图书情报资料、影像设备、网络媒体资源为创设语言学习环境提供了可能。

在日语教学中切实有效创设好语言环境和语言学习环境，对于教师有以下基本要求。

第一，选择合适、直观的操作方式。由于教学课程在内容、目标等方面以及学生年龄特征存在差异，教师需要采用不同的教学方法和教学手段，以使教学工作达到最佳效果。

第二，直观本质上是一种手段，而非目的。通常情况下，只有当学生对教学内容不太熟悉，并在理解和掌握上遇到挑战或难题时，教师才需要使用直观的方法。只注重直观而忽略客观实际，会影响教学的效果。

第三，通过直观方式提高学生对知识的理解水平。尽管学生在实践中积累了许多感性的经验，教师仍要确保教学的核心目标是让学生专精于理论知识的掌握。因此，在运用直观手段时，教师需要提供相应指导。

（4）合理选择教学优质资源，应用最有利于学生理解、掌握教学内容的教学技术手段和教学方法，不走形式，不浪费宝贵的课堂教学时间。

五、处理好汉语和日语的关系的原则

外语教学法视其对母语的态度分为两大学派：翻译法和直接法。翻译法充分发挥母语在外语学习过程中的作用；直接法在外语学习过程中完全排斥母语。在日语教学的实践过程中，如何处理好作为母语的汉语和日语的关系，直接影响教学方法的选择和教学效果。

语言是约定俗成的，语言具有民族性和科学性。从语言学角度来看，日语和汉语并不属于同一语系。汉语作为一种分析语，属于汉藏语系，它是一种以分析语为特点的语言，其语音系统具备声调。汉字是一个意音兼备的文字系统，既能被用于表达意义，又具备反映发音的功能。日语本质上是一种黏着语，它能够通过活用的方式对单词进行语法上的修饰和细化。日语中的这种做法不会改变单词的含义，只是表示它们在语法上的功能。另外，日语单词之间的结合并不是非常紧密。

在日语教学过程中切实有效地处理好母语与日语的关系，对教师有以下基本要求。

（一）有效利用汉语的正迁移作用

当学习第二种语言时，由于母语的影响，语言迁移会导致语音、词汇、语法和语义等方面发生某些变化。文化传承、历史引导和思维方式等多个因素会对语言迁移产生影响。

中国的日语学习者在日语学习过程中，首先要解决的是母语汉语的语言迁移问题。

日语与汉语在历史上有过几个相互吸收的阶段。日本在绳文时代是没有文字的。公元四五世纪，汉语传入日本，主要为一部分识字阶层所习用。随着中国的文化、思想和佛教的传入和推广，汉语逐渐渗透到日语的日常使用中。许多日语词汇的发音也是由汉语词汇在传入日本后经历音韵演变而来的。在公元600年左右（日本飞鸟平安时代）的日本，随着与唐朝文化的接触，日本人开始借鉴汉字中的一些部首和草书体的元素，融合当地文化特色，创造了包括片假名和平假名在内的新文字形式，使日语有了完整的表记体系。

汉语与日语在历史上一直相互影响，这离不开两国在政治、经济、文化等各方面的广泛交流。在日语教学过程中，相对于欧美的学习者，这些互相融合的语言文化对中国的学习者来说，是一种优势，特别是学习日语。当用汉字时，没有哪个国家的学习者能超过中国学习者。此外，同属于东方儒家文化圈的中国和日本，在价值观、传统思想方面有着共源的特点。例如中国和日本都崇尚"和为贵""仁礼孝"等，文化差异性小，这就减少了中国的日语学习者跨文化学习的压力。有效利用汉语与日语在语言上、文化背景上的相似或相近的特点，促进汉语固有知识和经验在日语学习过程中的正迁移，是日语教师必须坚守的原则。说到学习迁移，中国的学生在日语学习之前，许多人第一外语学习了英语。应该看到，这种东西方文化差异很大的语言学习，开拓了学习者跨文化学习的能力。日语近代以后大量引进西方文化，语言词汇中也有大量的外来语。在学习迁移中教师也应该关注到英语学习对日语学习的迁移作用。

（二）努力克服母语的干扰作用

中国日语学习者可以因汉日语言相似性而更轻松地学习日语，但同时他们也可能面临一些困难。尽管日语中存在许多汉字，但有些日语汉字的含义已经与现代汉语中的含义完全不同。除此之外，日语中有许多汉语所没有的发音特点，如长短音、促音和浊音等。

汉语的语法结构是"主语—谓语—宾语"，而日语的语法结构则是"主语—宾语—谓语"。因此对于那些以中文为母语的学生来说，他们最大的困难就是要转换思维方式，以适应汉日语言结构的不同。在日语中，助词的使用决定了单词在句子中的位置和作用，而不是句子的语序决定意义，这与中文有着很大的区别。

在学习者认识某种语言规则，并对其加以掌握、实践的过程中，其母语会产生强烈的阻碍作用。所以，在初学者乃至于学习很长时间日语的学习者身上，总能发生"汉语式日语"的情况。这时，就需要教师发挥积极的指导作用。

为了消除母语的干扰，教师在开展教学工作时，要精心挑选教学素材，在合理安排时间的基础上，将教学重点与难点进行划分标记，并构建符合学生实际情况的练习体系。在教授时需要"提点学生"，并不是必须要对所有内容展开分析，不能在有限的课堂教学时间内全力专注于区分汉语、日语，要引导学生有目的、有计划地克服母语的干扰。

（三）把握母语使用原则

分析一般外语学习者能在有限范围内用外语思维的原因可以得知，这不是从学习初始就排斥母语的结果，而是反复操练和反复使用外语进行真实交际的结果。学生在学习和使用日语语言必然要经历两个阶段：一是日汉、汉日的翻译过程，这是学习的初级阶段；二是完全用日语思维，排除翻译的过程，这是学习的高级阶段。

学生在掌握外语过程中，总要经历"自觉到不自觉"的过程，也就是先借助母语作为外语与概念的中介来学习和使用外语，而后逐渐摒弃这个中介，在外语和概念之间建立起直接联系，这是使用外语的内部心理机制的一个质的变化。掌握外语的过程就是实现飞跃的过程。而要实现飞跃，关键在于反复实践。

学习者在控制使用母语翻译过程中，有积极和消极两种类型：自我调控能力强、能自觉训练排除母语翻译过程的学生，进步快，口语能力强，语速快，属于积极的类型；反之，是消极类型。为促进学生抛开母语中介，达成学习效果的质的飞跃，教师对学生学习的有效指导，需要引导学生在听力、会话、阅读、写作过程中逐步养成"直读直解"的习惯，学会用日语思维。教师在课堂上尽量不说或者少说汉语，同时，使用直观释义法或者日语解读法都是有利于克服母语干扰、培养日语思维能力的有效教学方法。

教学过程中，对待母语汉语既要控制使用又要利用。翻译法只讲利用不讲限制，直接法只讲限制不讲利用，两者都具有片面性。我们说，用翻译法释义是最节省时间的授课手段，但是，它并不是最理想的手段。由于语言并不是一一对应的，翻译释义有时候很危险，容易导致学生片面理解词汇意义，造成语义误读。

可见，一个词会产生多种意义，用许多的汉语词汇来翻译，只会带来记忆困难。所以，无论是从语言思维的培养角度还是从准确认知并正确运用语言的角度，我们都建议用日语授课。

那么何种情况下可以使用汉语翻译？可以参考如下情况。

第一，用日语或者直观法难以释义的词汇、成语、句子、语篇等，可以适当使用汉语翻译或解释，节省教学时间。

第二，作为检查学生对知识的掌握情况的手段，教师可以用翻译法。

第三，区分日、汉语言规则和概念时，可以适当使用汉语。

第四，区分日语近义词意义时，可以适当使用母语翻译。

六、处理好语言知识教学和语言技能教学关系的原则

从语言学角度看，存在人们将语言、言语当做术语进行对立使用的情况，前者涵盖语法、语音、词汇系统，后者则代表通过语言开展设计听说读写的交际活动。语言在社会为大众共用，而言语是个人差异性的、具体的。

在日语教学中，重视语言，就会以教授语言形式、结构规则为主，以分析讲授为教学模式，教学活动中心是教师，教学设计多为封闭的、固定的模式；重视言语就会以语言实践为主，以学生为活动中心，根据语言话题、内容、语义、语境等的变化，教学设计多为开放的、弹性的模式。

日语知识的获得和能力的培养究竟是怎样达成的？听说习惯习得理论认为"语言是习惯的体系"，外语学习靠模仿记忆，反复操练，直到新的语言习惯形成。但是，它重视语言学习的条件反射训练，忽视人的主观能动性、逻辑思考力和理论知识的作用，有其片面性。认知学习理论认为，语言学习是一种创造性的活动，要重视智力和掌握语言规则，但是它对语言技能的形成需要通过反复实践认识不足。我们说，掌握一门语言，语言知识是基础，是言语能力形成的前提保证，言语技能是语言学习的最终目标，使学生能自如准确运用语言进行交际活动，

是日语教学的根本目的和任务。日语教学必须把语言知识学习和言语技能训练作为同等重要的任务来完成。

语言知识是有限的，词汇、语法是约定俗成的，有一定规律可循。选取难易度、知识内容都符合教学目标设计的教科书，设计合理的教学计划和课程计划，这样在教师的指导下，学生就能够达成掌握知识的目的。言语技能的培养则需要更长的时间。

在作者看来，基于教材层面，学习外语知识的过程可以被划分为5个阶段，分别是直观理解、概括、识记、保持和具体化等与教材有关的阶段。教材的直观和概括是由教师主导完成的，教材的识记、保持和具体化是学生的行为，必须通过反复训练、巩固记忆才能达到纯熟。所以，比较起知识的传授，教师在对学生进行听说读写能力培养方面要付出更多的努力和设计。

处理好语言知识教学和语言技能教学关系，对教师有以下要求。

（一）课堂教学要重视语言实践

正确使用语言需要懂得概念和理论，但是教学过程中至关重要的与其说是传授语言知识、讲授语言理论，不如说是培养言语能力，让学生掌握语言使用方法。许多教学法专家提出，课堂教学讲与练的比例应该为1:5。

教师的讲解是必须的，在讲授方面重在"精"：第一是精选语言材料；第二是精炼的、精确的讲解语言。多练是对立于讲而提出的，多练不仅仅指练习量多，练习时间多，更重要的在于善于练习：第一是指练习要科学化；第二是指练习要有针对性、目的性；第三是指练习要有助于培养听、说、写等语言交际能力；第四是指练习要符合学生的外语学习心理过程。

（二）语言技能培养方面要阶段侧重

听、说、读、写既是教学目的，又是教学手段，无论从交际的角度还是从教学的角度来看，这四个方面都是一个整体，是相互联系、相互制约、相互依存、相互促进的。

说和听属于口语能力，阅读和写作属于书面语能力。外语口语的学习过程是从听开始,学生通过听来模仿、记忆、重复学会说,听为说提供了范例,创造了条件;会说的话是一定能听懂的,说可以提高听的准确性。

阅读可以接触更多的语言材料,对写作乃至于听、说能力提高都有促进作用;写作能促进口语表达的逻辑性和语言表达的准确性。听和读是吸收语言材料的过程,说和写是表达思想的过程。

日语教学要在广泛听和读的基础上进行说和写的训练,在说和写的活动中巩固听和读所获得的语言材料,要做到听说读写四项基本技能并重,全面提高言语能力。

大脑生理学的实验表明,听说读写各有各的生理机制,对某一个言语技能的训练都必须独立进行,不能相互替代。一般来说在初级阶段的日语教学中,口语能力培养是主要任务,要侧重听说能力的培养,以读和写的练习来巩固听说训练中掌握的语言材料;中级阶段在继续发展口语的同时要加强读、写的训练;高级阶段阅读的训练成为首要任务,同时兼顾口语训练。

(三)要处理好课文教学和语音、词汇、语法教学的关系

语言体系内部包括语音、词汇、语法三个要素。语音是语言的外壳,词汇是语言的建筑材料,语法是一个个孤立的词汇的黏合剂,三者统一,才能使语言成为交际的工具。

外语教学大纲是把学生必须掌握的词汇和句型按照五十音图的顺序逐一列出,把语法项目归类列出。但是,大纲只能是教学纲要和指导,不能够代替教科书应用于教学过程中。课文教学规定了语法、词汇、语音知识的讲解范围和教学内容,按照初、中、高级阶段技能教学的不同侧重,课文教学在方法上可以发挥统筹、协调的作用。课文教学不能全部解决语言规则的问题,如果不能有效地解决语音、词汇、语法的问题,课文的教学也无法进行。所以,对语言三要素的单项训练也不容忽视。有教师在精读课教学上采取先讲生词,再讲语法,然后进入课文和练习;也有的教师以课文段落为单位,逐段讲解生词和新的语法。两种做法都有利弊。

先讲新知识就会略讲课文,语言的练习会集中在一个个知识点上,对掌握新知识有益，对统和课文进行综合训练会有所不足；逐段讲解新知识点，会以本课要解决的问题为核心，不利于新知识点的系统化和单独训练。在教学过程中无论采取哪种做法，如果能够做好教学设计，有意识规避这些弊端，就能够保证教学方法的合理性和科学性。

我们建议根据日语不同教学阶段，采取不同的教学模式：初级阶段重在听说，对学习者来说，新知识多，语法规则入门较难，所以要以先讲知识后讲课文为主，无论是语言知识教学还是课文教学都要贯彻听说优先、以练为主的方针；高级阶段重在阅读，新的语法规则减少，词汇量增大，词汇学习属于机械记忆的内容多，可以安排课前预习来解决，此时可以围绕课文开展教学。

还应该明确的是，在课文内的语言知识是零散的、不系统的、缺乏规律性的。经过一段时间要对语言知识进行归纳整合，使知识系统化，有助于学生建立起学科知识结构，宏观把握知识。

（四）课堂内外都要关注知识的巩固和应用

在教学过程中，对于教师而言，一个关键的任务是通过练习和温习来帮助学生加深对所学知识的理解和记忆，以确保学生能够稳定地掌握所学内容。教师想要在教学过程中贯彻这一原则，需承担以下责任。

第一，基于理解加以巩固。

第二，确保科学巩固。

第三，要采取丰富多样的巩固方式。

第四，确保学生的身心健康不受影响。

除此之外，并不是作业越多巩固的效果越好。合理地安排巩固是考验教师教学能力的一个重要指标。

七、教学评价促进教学质量的原则

教学评价本质上是一项活动，它能够帮助教师基于教学目标来评估教学过程和结果的价值。通过教学评价，教师可以得出可靠的决策依据。教学评价是研究教师的教和学生的学的价值的过程。

评价的方法主要有量化评价和质性评价。对教师实施的教学评价主要包括三类人群：教育管理部门的负责人（包括督导）、同行、学生。在学校教育中对学生实施评价的主要是教师和代表各级各类教育管理部门组织的考试评价。

日语教学讨论教学评价的原则，主要是从教师评价学生的角度出发。这对教师有以下要求。

第一，对需要多次评价的对象与目的加以明确，从而让评价更具方向性。

第二，对评价目标、评价内容加以明确。

第三，对评价准备条件加以明确。

第四，科学、客观地判断评价资料。

八、重视跨文化交际能力培养的原则

外语教学的核心目标在于训练学生的交际能力，具体涉及语言、社交两方面的能力。实现跨文化交流需要使用言语和非言语方法。如果不了解目标文化，我们就无法真正掌握跨文化交流的技能。同时，交流也受交际者的文化背景的影响，这种影响也可以被视作文化的一种表现形式。

在学习日语的过程中，学生需要重视文化对交流的影响，并努力训练自己的跨文化交际能力。在此过程中，除了语言和非语言技能，学生还需要考虑人际交往的规范、社会组织的形式以及价值观念。

对培养学生的跨文化交际能力提起重视主要能够发挥以下作用。

第一，能够帮助学生理解不同文化背景下人们的言行交际方式和习惯，让学生更深入地认识各种文化之间的区别和联系。

第二，了解不同文化行为及其功能可以帮助学生更深入地了解跨文化交流，同时能够帮助他们将日语所学知识与自己的文化背景进行对比思考。

第三，能够帮助学生了解具有不同文化背景的人们的世界观、人生观、价值观及道德标准，进而可以帮助他们更深入地探索自己的文化，进而培养学生尊重和理解不同文化和道德标准的能力。

第四，能够帮助学生了解不同文化背景下的日常生活方式、语言和非语言行为方式，特别是常见行为，也能帮助学生了解具体情景的行为原则。

在日语教学中贯彻这一原则，对教师有以下要求。

（1）明确跨文化能力培养的主要任务，使学生理解文化对人们行为产生的影响，以提高他们的跨文化认知水平。此外，跨文化能力培养还包括引导学生理解社会环境对人们的言行表现产生的影响，以及年龄、性别、社会地位、居住地等因素的影响；提升学生对日本传统文化的认知程度，增进学生对日语文化内涵的深层理解；培养学生在实践中评估和理解日本文化的能力，并让学生掌握获取、整合和处理日本文化信息的能力，以强化他们对日本文化的理解和认知；唤起学生对日本文化的热情，促使他们积极地探索并深入了解与日本文化相关的内容。

（2）掌握跨文化能力培养的基本方法，如对比法、交际法、演示法，以及图片参照法、讨论法等。

（3）重视行为文化的引入，需将语言和文化相融合，使学生在学习过程中获得语言、口语及交流方面的能力。

任何一个教学原则的确定都要符合教育现代化的目标。教育现代化的内在特征表现为教育民主化和教育主体性。

教育民主化的含义不仅在于其能够确保每个人都有平等的入学和知识获取机会，更在于其能充分激发每个人的潜能，以确保每个人都可以获得提升自身技能水平的机会；均等地改变所有教师和学生学习、工作和生活条件；师生关系的民主平等等含义。

第四节 高校日语教学的目标体系

任何一种教学活动都是在一定的目标体系指引下进行的。日语教学论对日语教学的内容体系作了明确规定，但是内容教学还是以知识和技能为根本的。按照现代教育观念的要求，我们在学科教学中不仅要获取知识、掌握技能，还要从人的综合素质提高的角度，对日语教学提出相应的能力目标。在教学的过程中，教师要关注培养学生的各种能力，促进日语知识与技能的掌握，从而促进学习者综合能力素质的提高。因此我们从能力目标与内容目标两个层面来揭示日语教学的目标体系。

一、日语教学的内容目标

目前我国的日语教育是以社会力量办学和大中专院校的日语教育为中心开展的，基础教育中的日语教学不占据日语教育的主导地位。而在大中专院校的日语教育（包括日语专业）中，由于"零起点"学习者为多，专业的日语教育也是以基础阶段教学和高级阶段教学两个层次开展的。

高等院校日语专业课的教学要求，由于受学校性质、学科培养目标等的限制，对专业课、必修课、选修课的划分各有特点。开设课程的门类不同，课程名称及开设的时间、周学时数也不同，各学年教学要求的制定也有所差异。总之，参考我国各级各类的日语教学纲要以及国际日语能力考试对于不同级别考试的要求，我们将日语语言和技能教学目标、要求按照基础阶段与高级阶段简单地归纳如下。

（一）基础阶段教学的目标内容

高校一、二年级的日语教学内容标准，主要针对日语专业（零起点）一、二年级的教学，以及社会力量办学中的最初一、二年内的日语教学。

日语专业基础阶段的教学基本要求如下。

（1）学年教学要保证不低于500学时，两年内学生应该掌握现代日语语音、词汇和语法相关的基础，在听力、阅读、写作、口语方面掌握初级技能；在日语学习材料所覆盖的范围内，能够熟练并准确地运用口语和书写交流技巧，从而为深入的日语学习做好准备。

（2）掌握日语语音的基础知识，朗读或说日语时，发音、语调基本正确，合乎规范，没有明显的语音错误。

（3）掌握日语基础语法，概念清楚，对日语语法中的主要项目、难点理解确切，在语言实践中能够正确运用，无大错误，不影响交际功能。

（4）接触日语单词8000个左右，基本句型250个以上，惯用词组200个以上，其中积极掌握不少于一半。

（5）在听的方面，能听懂日本人一般性的讲话，听懂难易程度与所学课文接近的各种文章的录音。其中生词不超过3%，没有生疏的语法现象。

（6）在说的方面，能较流利地进行日常生活会话，能与日本人进行一般交际性和事务性交谈，能在已学过的题材范围内进行3分钟以上的连贯性发言，无明显的用词与语法错误。

（7）在读的方面，能朗读生词不超过3%、没有新的语法现象的各种题材的文章，要求读音正确，有表情。能不借助词典快速阅读难易程度与所学课文接近的文章，内容理解确切，并能口头用日语叙述大意。能借助词典阅读非专业性的一般日文报刊。

（8）在写的方面，能记述和改写听懂和读懂的文章，能在两小时内写出600字以上的应用文、记叙文，文理通顺，语法、用词基本正确。

（二）高年级阶段教学的内容目标

日语专业三、四年级的教学内容是一、二年级日语教学的延伸，与基础阶段的教学相衔接。既要深化以往锻炼的听力、口语、写作和翻译方面的基础知识，又要涵盖更多的知识面，学习日本文化、文学等方面的内容。参考《高等院校日语专业高年级阶段教学大纲》，对这一阶段日语教学提出以下要求。

1. 知识结构

按照高校日语专业高年级阶段教学大纲的要求，高级阶段的日语教学从语言知识教学转入语言理论，以及与语言相关的专业知识与理论的教学，需要结合专业选择教学重点和内容。因此课程的具体设置由各学校根据培养目标适当掌握，大纲只是对课程的目标本身作出了详细的规定。

2. 语言技能

高校日语专业高年级阶段教学大纲对于语言技能的培养目标也作出了明确规定，从听、说、读、写、译几个侧面提出具体要求。

听的内容目标：能够听懂日本人以正常语速进行的演讲和谈话，能够快速理解并准确地复述他们所表达的主要观点；能够听懂电视节目、现场采访以及带有地方口音特色的日本人说话，并且能提取重要情节。

说的内容目标：能够流利地用日语表达个人情感和观点，与日本人自然地进行对话；在准备时间有限的情况下，能够用日语自如地发表演说或学术见解，进行讨论或辩论，做到观点的明确阐述；在日语口语中，语音语调需要准确自然，表达要流畅通顺，并且应避免明显的语法错误，以确保内容理解的准确性；能够根据场合和对象的不同，灵活运用语言表达方式，特别应注意词语选择、尊称使用、语气和色彩的掌握。

读的内容目标：可以无障碍阅读除了专业名词过多的科技领域相关文章以外的日本当代文章，且在阅读过程中很少出现生词汇；具备理解一般性的日文文章的能力，能够领会作品的主旨和感觉；能够对主要内容进行有效的总结和概括；能够对文章的思想观点、篇章结构、语言手法以及文体表达进行独立分析。通过使用辅助工具书和参考注释，可以理解古典文学作品，如古文、俳句等的主要内容。

写的内容目标：可以准确使用日语的格式规范和语言基础知识，表达清晰地进行不同文体的写作；具备能够撰写丰富且独具见地的说明文、议论文和学术论文的才能；在构思成熟的前提下，写作速度可达每小时600—700字，语言基本上正确得体，无明显语法错误，用词恰当，简敬体使用正确。

译的内容目标：口译时，可以在即时场景中顺利完成日常口译任务；做好充分准备后，具备翻译政治经济、文化等领域内容的能力；在保持原意的前提下，使用的措辞和表述一气呵成，并能够灵活地传达不同的语感和讲话者的情绪状态。笔译时，可以把现代日语所写的各种文章和书籍翻译成目标语言；使用辞书和注释的帮助下，可以笔译一般的日本古文。

二、日语教学能力培养目标

（一）语言知识能力培养目标

语言作为系统是一个整体，作为语言结构的三要素，语音、词汇、语法是日语知识教学的核心部分。语言理论知识的教学就是对语义的辨析、语义概念的解读、语言规则的介绍和使用方法的训练。

1. 语音能力

日语语音能力培养主要指培养学生有助于顺利掌握日语语音的所有能力。其中包括遗传生理的和后天培养的几个方面。

只针对一般正常学习者而言，日语语音能力的培养目标涉及与音位区分相关的辨音能力；与精准再现语音相关的发音能力；具备自动化言语动作熟练的能力；具备感知和再现日语语调的能力等。

2. 词汇能力

日语词汇能力培养目标主要包括：有助于学生生成对词汇的感性认识的形象记忆力（听觉、视觉和动觉的）；及时、快速辨别易混淆词汇的能力；快速掌握新知识的能力；在文章阅读的应用场景中快速理解词意的能力；记忆词汇的能力，涵盖短语成语、以及词组的记忆；在感知日语时迅速认知和理解词的能力；迅速找出必要的日语词来表达自己的思想的能力等。

3. 语法规则能力

日语语法规则教学的能力培养目标主要包括：辨别语法成分的能力；根据实际的应用场景变化语法规则，流利准确表达完整句子的能力；迅速而准确地辨认和再现各种句法结构的能力；正确掌握词的一致性关系的能力；具备熟练地正写和正读的能力等。在修辞方面，要具备概括语体词汇和语法特点的能力；辨认和再现各种语体的能力。

（二）日语技能的能力目标

语言是用于交际的工具，人们通常是采用听解、会话、阅读、写作的方式进行交际，因此，外语教学论将"听、说、读、写"称为外语学习的四项基本技能，简称"四技"。

技能是指身体各部分的灵巧动作或感官的敏锐程度。外语的"四技"训练，实际就是对我们应用外语时的感觉、听觉、视觉、触觉器官进行的外语适应或外语熟练的训练。在训练这些语言技能的同时，也会逐步提高各种言语能力。

1. 听解能力

听是获得日语知识和技能的源泉和手段之一。听解是听觉器官的运动过程，也是一种复杂、紧张、富有创造性的智力活动，它要求听者在这种活动的过程中积极地进行感知、记忆、分析、归纳、综合等思维活动。因此，听力训练又是一种重要的智力训练。

根据听的心理特点，我们把听的能力概括为：快速、迅速捕捉和存储信息的能力；辨别各种语音的能力；适应日语语速的能力；长时间的听解能力；综合和概括的能力；判断能力等。帮助学生了解听的心理特点，掌握听解能力提高方法，是听力教学关于听解能力培养的目标。

2. 会话能力

会话又被称为"说"。会话是一种积极的言语活动，是不经分析和翻译，迅速用外语表达思想的一种技能。它不是简单地重复已经学习过的语言材料，而是创造性地组织已经学过的语言材料表达自己思想的一种行为方式。

会话能力是一种复用式言语能力，根据会话的心理特点，我们把会话能力概括为：自如地、创造性地运用已经学习过的语言材料表达思想的能力；注意力集中在会话的内容而不是语言表达形式的能力；敏捷思考和快速运用语言的能力；会话过程中的日语思维能力（或排除翻译的能力）；应对无主题对白的语言交际能力等。帮助学生了解说的心理特点，掌握会话能力提高方法，是会话教学关于会话能力培养的目标。

3. 阅读能力

阅读是重要的获得语言知识的手段，人们通过阅读实现间接言语交际。特别是在当今由于信息技术和现代化网络架起了通信桥梁，网络在线阅读已经普及，获取日语阅读材料的条件比过去成熟许多，通过阅读获取日语知识已经成为一种重要的学习方式。阅读能力是培养其他言语能力的杠杆，所以，阅读能力的培养也是外语学习的一项重要任务。

阅读能力是指感知、识别和理解语言材料的能力。具体包括：辨认词、词组、句子结构的能力；把握段落中心思想和作者思想发展趋势的能力；弄清句、段之间的关系和诸如指示代词的实际内容等方面的能力；对文章整体的综合理解的能力等。帮助学生了解读的心理特点，掌握阅读能力提高方法，是阅读教学关于阅读能力培养的目标。

4. 写作能力

写作是借助文字符号传递信息的语言活动或语言交际形式，是一种语言输出过程，也是重要的语言交际活动。随着网络的不断普及，网上交流的频繁，日语应用写作从书信、公文、科学论文、文艺作品等领域扩展到网络信息交际等领域，增强了写作的应用性，对写作能力的要求也逐步提高。因此写作能力的培养也是日语学习的一项重要任务。

写作能力包括书面造句能力、搜集素材能力、书面语言的运用能力、捕捉灵感能力、构思能力、组织和形成思想的能力等。帮助学生了解写作的心理特点，掌握写作能力提高方法，是写作教学关于写作能力的培养目标。

5. 翻译能力

翻译是将一种语言的信息转化为另一种语言的信息，从而保障准确、流畅表达的行为。在此领域，我们可以采用不同的分类方法。例如，基于翻译过程中所倾向的文化风格，将其分为归化翻译（意译）和异化翻译（直译）；基于其在目标文化中的预期用途，可分为工具性翻译和文献性翻译。

基于语言的形式和含义，可以把翻译分为语义翻译和交际翻译；基于翻译者通过比较原文和译文并观察其差异的方向，可分为文学翻译和语言学翻译；基于翻译媒介的不同，可以将翻译分为口译、同声传译、机器翻译和电话翻译。

由于上述分类在语言表达形式上只包括有声语言和符号语言，因此，我们在讨论翻译能力时，只在口译、笔译两个大的概念下展开讨论。

第五节 高校日语教学的相关要求

一、跨文化能力

跨文化能力主要包括跨文化接触、跨文化理解和跨文化交际三个过程。跨文化接触，就是个体通过有选择地借用母国文化来接触跨文化，对跨文化所作的其有个性特征的统合和再现。跨文化理解就是辩证地认识日本文化的内涵、思想观点。

学习者固有的价值观、思维方式会直接影响到对跨文化的理解和认识。跨文化交际又称为跨文化知识应用，主要是指与日本人进行交际时如何避免发生文化冲突，使交际朝向我们期待的目标发展，让交际顺利进行。

日语教学关于跨文化的能力培养不在于跨文化接触，重在对跨文化的理解和跨文化交际能力的培养。结合日语学习特点，我们将跨文化能力概括为：意志决断能力、问题解决能力、创造性思考能力、批判性思考能力、有效的交际能力、对人关系能力、自我认识能力、共鸣能力、情感控制能力、对焦虑的处理能力（心理调节能力）。

意志决断能力，即明确自我究竟要做什么、想做什么这一目标意识，从而决定自我行为目标和方向；问题解决能力，包括目标设定，其中最重要的是发现问题和选择最恰当的解决问题的方法，以及如何达到目标的企划能力；创造性思考能力，即把获得的信息创造性地组合，创造出独特的思考和计划的能力。批判性思考能力，即对获得的信息、经验以客观的方法进行分析的能力；有效的交际能力，即采用言语与非言语形式进行自我表达的能力；对人关系能力，即与他人保持良好人际关系的能力；自我认识能力，即对自我的性格、优缺点、愿望、好恶等的认识能力；共鸣能力，即对他人的意见、情感、立场、心情能够产生共鸣又不为其所左右的能力；情感控制能力，即对喜怒哀乐等情感的自我控制力；对焦虑的处理能力，即了解跨文化学习过程中产生的焦虑源，为解消焦虑而采取适当措施的能力，也称作心理调节能力。帮助学生了解跨文化理解和交际的心理特点，掌握跨文化学习的方法，是跨文化教学关于跨文化交际能力的培养目标。

二、情感学习能力

我们可以从以下五方面分析情感学习能力，即自我认识能力、自我驾驭能力、自我修正能力、共鸣情感产生、社会协调性。

基于上述理论，我们把日语学习的情感态度能力归纳为：学习愿望与兴趣的培养能力，树立良好学习动机能力，调节个人情绪的能力，勇敢、积极地参与语言实践的能力，与他人的协作能力，探索精神与毅力，培养克服困难的勇气和决心的能力，吃苦精神，人际交往能力。帮助学生适时地调节自我学习心理特点，是教师教学过程中对学生情感态度培养的目标。

三、策略学习能力

学习策略是学习者为掌握某种知识和技能所采用的一系列方式方法。通常从四个方面来理解：认知策略、调控策略、资源策略、交际策略。外语能力的形成除了受教学策略的影响外，还需要通过对学生的学习实践活动来体现。日语能力形成的一个重要条件就是学习策略的选择。

基于失败的努力归属与学习动机没有关系的结论，对原因归属、学习策略与自我效能感之间的关系进行调查研究之后，我们发现与认知的学习策略相比，自我调整学习策略与自我效能感之间的相关性更为显著。在诸多的学习策略中，学习者自我调整学习策略最为重要。

这一结论表明了自我调整学习策略对学习成就获得的重要意义。假设我们将学习中遇到的困难看作学习的暂时性失败，那么相应地调整自我的学习策略就是克服困难的最重要的武器。

日语学习活动中策略学习的能力主要包括：选择有效感知、记忆、联想等方法的能力，选择合理预习、复习策略的能力，有效理解知识和概念的能力，主动探索符合日语学习规律的学习技巧的能力，调节学习中自我生理与心理机能的能力，正确评价自我学习的能力，监控自我学习的能力，管理自我学习的能力，在团队学习中发现及借鉴他人学习方法的能力，选择既适合自我个性心理特征又有效促进交际的行为方式的能力。帮助学生了解学习过程的心理特点，掌握学习方法和策略，是学习策略能力培养的教学目标。

第三章 高校日语教学的内容

外语学习本身就是一个听、说、读、写全方位的学习过程。因此，在教学过程中，教师要通过合理的授课方式和内容，使学生掌握上述技能。本章主要阐述高校日语听力教学、高校日语口语教学、高校日语阅读教学、高校日语写作教学。

第一节 高校日语听力教学

一、日语听力教学基础知识揭示

（一）日语听力教学的内容

日语听力教学是日语教学的重要组成部分，对于日语人才的培养有着重要的作用。下面对其内容进行分析，从而为日语听力教学指明方向。在现阶段的听力教学过程中，应该包括听力知识、听力技能和听力理解，下面分别展开介绍。

1. 听力知识

听力基础知识是学生日语听力技能培养与提高的基础，主要包括语音知识、语用知识、策略知识、文化知识等。

语音教学是听力教学的重要内容。在实际的交际过程中，同一个句子会在发音、重读、语调等的变化中产生不同的语用含义，表现出交际者不同的交际意图与情感。在听力教学过程中，使学生掌握日语的发音、重读、连读、意群和语调等语音知识，对学生语音的识别能力和反应能力的提高有促进作用。同时在教学过程中，教师还应对学生进行听音、意群、重读等方面进行训练，训练内容既要包括词、句，也要包括段落、文章，使学生熟悉日语的表达习惯、节奏，适应日语语流，从而为学生提高听力理解能力打下坚实的基础。这种训练还能在无形中培养学生的日语思维能力，促进其二语习得能力的提高。

文化知识、策略知识和语用知识的科学教学也是提高学习者日语听力能力的重要手段。其中，语用知识的学习能够帮助学生理解话语内涵，加深其对话语的理解程度；策略知识的学习能够帮助学生依据不同的听力材料和听力任务进行策略选择，从而提高听力的针对性；文化知识的学习对于学生日后日语的跨文化交际起到促进作用，有利于不同文化背景下交际的顺利进行。

2. 听力技能

日语听力技能的教学能够有效提高学生日语听力的科学性与针对性。对于技能和技巧的合理运用，能够为跨文化交际水平的提高打下基础。听力技能主要包括以下几项内容。

（1）辨音能力

辨音能力涵盖了语调、音位、意群等多个方面。辨音能力的训练不仅能提高日语听力的有效度，同时对学生理解能力的提高也大有裨益。

（2）交际信息辨别能力

交际信息辨别能力涉及内容结束、内容转换、新内容出现等情景下对指示语的辨别。交际信息的辨别能够提升听力的有效性和针对性，提高学生对话语的理解效率。

（3）大意理解能力

大意理解能力要求学生能够掌握所听内容的主题和目的。大意理解能力为学生在整体上把握话语内容奠定了基础。

（4）细节理解能力

细节理解能力是学生在具体谈话情景中对细节信息进行收集的能力。在日语学习和考试过程中，细节理解能力能够帮助学生提升做题的准确度。

（5）选择注意力

选择注意力意为学生结合所听内容的主题和目的确定信息焦点。针对不同的听力材料，进行注意力的选择训练十分重要，这种练习有助于学生把握话题的中心。

（6）记笔记

记笔记技能是指根据听力要求选择适当的笔记记录方式。掌握记笔记技能可以提高日语听力记忆的效果。

提高听力水平并不是一朝一夕便可以实现的，需要教师循序渐进地进行针对性教学。不同的学生有着不同的学习习惯和学习特点，教师需要因材施教，进行特色教学。

3. 听力理解

日语听力知识与听力技能的教授是为日语听力理解服务的。语言在使用目的、交际者等因素的作用下会带有不同的语用含义，因此对话语的正确理解就成了日语听力教学中的重点和难点。教师在听力理解教学过程中，应该使学生懂得如何从对字面意义的理解上升到对隐含意义的把握，继而提高日语的综合语用能力。具体来说，日语听力理解主要包含以下几个阶段。

（1）辨认

辨认主要包括语音辨认、信息辨认、符号辨认等方面。辨认处于第一个阶段，是后面几个阶段开展的重要基础。一旦学生无法辨认听到的内容，那么理解也就无从谈起了。辨认有不同的等级，最初级的辨认是语音辨认，最高级的辨认则是说话者意图的辨认。通过进行正误判断、对应内容连线等方式，教师能够检测学生的辨认能力水平，如根据听到的内容给听力材料的句子排序。

（2）分析

分析要求学生能将听到的内容转化为图表。该过程意在锻炼学生对语流中特定句型或者短语的敏感度，使之能够在实际应用场景中把握谈话主题和意图。

（3）重组

重组要求学生用自己的语言将听到的内容以口头或书面的方式表达出来。

（4）评价与应用

评价与应用是听力理解的最后两个阶段，要求学生在前面三个阶段获得、听懂、再现信息的前提下，对所收集信息进行实际的应用和评价。在实际教学中可以通过讨论、辩论、解决问题等活动进行。

以上几个阶段是一个循序渐进的过程。无论是哪种学习层次的学生，其听力学习都必须经历上述过程，只有这样才能提高日语听力能力。

（二）日语听力教学的重要性

听力是一项重要的语言技能，是接收信息的重要环节，是学习语言、掌握语言的第一步，是使用语言的重要组成部分。听力教学在日语教学中占有非常重要的地位。听力是学生进行交际的基础，只有在听懂的前提下才能进行交流，同时听力也是很难掌握的一项技能，听力水平的提高是一个循序渐进的过程，需要长期坚持。

1. 以听力教学巩固语言知识

在日语教学中，传统的学习理论认为，学生对语言知识的学习是从教师的讲解开始的。具体来说，即学生首先从教师的讲解中初步掌握知识的要点，然后通过口头或书面实践来进一步加深对知识的理解。然而，建构主义理论依据现代心理学观点，认为获取知识不仅是靠教师的直接教授和讲述，而是在认知要素和情感因素相互交织的过程中，对意义进行建构。听力教学活动是学习者不断巩固和内化所掌握的语言知识，最终构建扎实的知识体系的过程。事实上，教学领域的理念变化归根到底是由宏观层面上的语言学习理论研究引发的，语言学、心理语言学、认知心理学和社会语言学等学科领域的研究成果对语言学习理念产生了深远的影响。同样，将听力教学活动视为巩固知识的有效手段的理念吸纳了多种语言学习理论的精髓，主要包括环境论、内在论和互动论。下面对听力教学的理念加以梳理，以帮助读者通过理念上的变化来理解"为什么听力活动是巩固语言知识的有效手段"。

（1）环境论视角下的听力教学观

环境论视角下的听力教学观认为，可以将语言学习视为机械的过程，其运行的基础是"刺激—反应"模式。"刺激"指的是学生所接收到的口头表达方式，而"反应"则是指学生在理解语音、词汇等信息后所做出的反应。对于学生来说，听的目的就是对音调、句子重音以及节奏等信息进行识别与分辨，语言学习的过程就是学生通过重复练习、不断模仿、建立习惯并强化习惯的过程。由于环境论的影响，听说教学法被应用到了语言教学领域。听说教学法非常注重"练习"在听力教学中的作用，设计教学活动时要求学生完成一系列的听、说活动，如语音练习、短语记忆以及对话模仿等。此外，听说教学法侧重引导学生开展语言形式层面上的学习，如帮助学生听懂单词、短语以及句型等，确保听力习惯的建立。

（2）互动论视角下的听力教学观

互动论视角下的教学观在20世纪70年代末才开始出现。当时，不断发展的语言教学观认为，语言发展受到社会环境的影响，是一个动态的、交际的、社会化的过程。该教学观强调语言功能在现实语境中的运用，同时也没有忽视对学生认知能力的考虑。也就是说，互动论强调，语言的发展受到环境和内在相互作用的影响。在学习语言的过程中，个体内在和外部环境都发挥着至关重要的作用。根据这一教学观，听力教学的核心在于强调听力理解的整体性，而不是将其局限于片段、碎片化的语言元素。除了理解语言形式结构之外，学生的作用还体现在构建内容意义方面。

在这一理论中，信息处理观和建构主义观着重关注学习者对听力内容进行理解的互动性和动态性。前者主张学生的语言输出，认为听力内容的理解过程在经历语言输出后才能被完整地实现。信息处理观指出，在学生听力内容的理解过程中需要经历一系列的步骤，包括接收语言信息、感知信息、辨别信息和理解信息的意义，以上步骤具有序列性；后者则强调学生在听的过程中不是单纯地进行信息的接受和处理，而是在意图的导向下和个人知识面的基础上发生了动态的意义建构。可以发现，以上两种观点都重视听力的复杂性，强调学生在听力过程中的主体作用，这都贴合了图式理论的观点。根据图式理论，学生所掌握的知识和经验，包括对话题、文化背景、修辞方式等的熟悉，都存储在大脑中的一些图式中。这些知识和经验图式会影响学生的学习和思考方式，有助于学生更好地理解听力语言。

2. 以听力教学激发学习兴趣

教学是一种具有双面特点的活动，从教师层面看，教学是教师指导学生学习的教育活动；从学生层面看，教学是学生在教师指导下开展的学习活动，即学生通过教师的指导，不断掌握知识和技能，促进自身各项能力的发展。因此，教学具有过程性特点，既是教师在教的过程中不断积累教学经验的过程，也是学生在学习过程中获得全面发展的过程。如何激发学生学习兴趣并让他们保持学习的积极性是教学过程中必须解决的关键问题。在实际教学过程中，经常会有学生在进行听力活动之前，就已经产生了畏惧心理。这些学生对于听力活动参与不积极，被迫参与后更是兴趣寥寥。

首先，听力活动主体的偏移会使学生的积极性下降。听力活动的步骤和速度等在实际的应用场景中常常由教师来独断，过度强调教师的作用，未能充分发挥学生的主体性。尽管大部分日语教师都有了重视课堂交际性的意识，但却常常在不自觉的情景下"控制"了教学活动，如课堂的提问活动中，发问过程和讲述过程多由教师主导，听力材料的播放控制权也由教师掌控。在这样的教育氛围中，学生的学习方式是被动的，即便出现了不懂的地方和想要表达的新观点，也碍于听力活动的强制进行而无法进行有效的交流和讨论。

其次，听力理解活动让学生感到心理层面的被隔绝也成为了降低学生学习热情的罪魁祸首。在传统的日语听力教学中，通常采用先听后提问检查的简单流程。由于学生的语言能力存在差异，许多人对自己的答案缺乏自信，而这种传统的日语听力教学模式不支持学生在回答之前与身边的同学进行交流。在这种情况下，学生会产生焦虑情绪，这种情绪会使学生对教师的提问反应不积极。

此外，在日语的听说读写技能中，听的环节呈现出明显的内化特征。当学生阅读时，他们的目光会跟随文本移动，但在理解听力时，教师很难判断学生是否真正专注，有时即使学生未认真倾听或因困惑而放弃继续聆听，教师也因未能及时察觉而无法提供必要的指导。

最后，教学过程中的听力理解和与本族语者交际时面临的情境差异，也是学生积极性不高的重要原因。在教学过程的听力理解中，其交际需求是僵化的、固定的。重复乏味的内容很难激发学生实际交际中的热情。当教师开始播放录音时，学生需要密切跟随听取到的信息。当听力材料长度过长、内容过于繁杂或演讲者讲话速度过快时，学生有可能出现理解上的困难。学生若遇到理解障碍，就无法像在真实交流中那样随时向讲话者提出问题、请求重新表述或澄清意义。在这种脱离掌控的状态下，学生会感到极度的挫败和无助。

此外，听力理解不同于阅读理解，阅读理解中学生能自主选择阅读的次数和何时暂停阅读思考单词含义，而在听力活动中，因为教师播放的听力材料的媒介为声音或者图片伴随的声音，无法被学生自主掌控。所以，相比于真实的交际环境，学生在课堂听力教学中难以真正感受到交际相关的需求和价值。

鉴于以上原因，学生往往认为听力理解颇具挑战性，进而抑制了投入其中的主动性和热情。因此，教师需要改变听力教学理念和方法，从而增强学生对参与听力活动的兴趣，让他们感受到近似体验日语交际的成就感。老师需要转变为引导和辅助学生听力理解的角色，不能控制听力理解过程。

可见，听力活动在激发学习兴趣方面的作用主要体现在四个层面：新信息的呈现、新旧知识的整合、语言知识的使用与评价、与其他各项语言技能训练活动的结合。在听力理解过程中，新信息的呈现创建了与当前学习主题内容相关的、尽可能真实的情境，利用生动、直观的形象有效地激发学生的联想，唤醒长期记忆中相关的知识、经验或表象，促进新旧知识的整合。帮助学生充分调动大脑中原有的与新知识相关的经验，对原有知识进行调整，以便将新知识纳入整个知识体系中去。从而完成对问题的理解、对知识的应用和对意义的建构。在这整个过程中，学生参与交互式学习的积极性会被充分调动起来。

3. 以听力教学提高交际能力

交际能力是指学生具备运用语法规则来构建语法正确的句子，同时能够根据语境、时间和地点等因素，适时地运用这些句子进行有效的交流，并与不同的交际对象进行恰当的语言互动。换句话说，要掌握一种语言，学生需要同时了解这种语言的表达方式，以及在不同情境下何种表达方式更恰当。学者卡纳尔（Canale）与斯温（Swain）对于交际能力进行了具体的定义，并指出交际能力由语言能力、社会语言能力、语篇能力和策略能力组成。

为了辨析和解读听到的篇章信息，学生必须理解听力材料具有哪些语篇特点，并将这些特点与篇章的交际目的和语境相联系。在这个过程中，学生积极参与信息交流，从而激活日语交际能力框架中的其他知识。换句话说，学生的语篇能力体现在口语交流中，他们能够理解口语篇章的各个组成部分的含义，进而把握各部分在篇章层面上的联系，以确保交流有意义、连贯。下面，本书将对日语听力教学中的语言能力、策略能力以及语用能力进行具体的阐述，以强调日语听力教学的重要性。

（1）语言能力

语言能力包含对语言系统所有成分，如对语音、词汇和句法知识等层面信息进行辨析的能力。语言知识是学生在听的过程中对日语口语语篇进行意义解码的基础。一方面，学生只有具备了日语词汇和句法知识，才能运用词汇知识规则对日语词汇进行解读，运用句法知识规则确定听到的句子是否衔接自然、意义连贯；另一方面，学生对语音知识的掌握也对听力理解起着重要作用，学生不但应该明白词汇的音节如何划分，也应该理解诸如节奏、重音、语调等方面的规则。因此，从本质上看，学生对语言系统的把握与学生自身的语言能力密切相关，如果学生语言能力欠缺，如缺乏语音、词汇或句法等方面的知识，就无法理解听力篇章的意义。

（2）策略能力

策略能力包括交际策略和学习策略的运用能力，交际策略和学习策略的运用都是为了完成语言交际意义的建构。学习策略包括元认知策略、认知策略以及社会情感策略。恰当地使用学习策略有助于学生听力技能水平的提高。根据相关研究，通过培养学习策略，特别是元认知策略，可以有效提高学生的元认知水平，改善其学习方法，提高其自我监管能力和语言水平等。在听力教学中注重培养学生的策略能力是人本主义思想的体现。换句话说，学生策略意识的提高有助于培养学生的自主学习能力，如计划能力、监控以及评估能力。策略能力培养的重要性和必要性要求教师有意识地遵循系统而稳定的教学计划开展听力策略训练。

（3）语用能力

语用能力关系到学生在特定语境下对语言功能的理解，以及在辨析语言表层意义和内涵意义时对所涉及的社会语用因素的把握。因此，为了理解讲话者的真实交际意图，学生应意识到话语的语境特点（如正式或非正式）、参与者之间的关系（如社会地位、性别差异）以及礼貌程度（陌生或者亲密关系）等。

二、日语听力教学的原则

（一）听前环节的教学原则

如果学生没有进行任何准备就直接进行新的日语听力理解任务，那么他们很难进入听的状态。所以在进行新的日语听力理解任务前，教师要辅助学生做好听前准备。

1. 相关性教学原则

在听力过程中，日语老师需根据相关性教学原则设计一系列与新听力材料相关的活动，从而调动学生大脑为满足阅读材料的热情进行知识应用。比如组织学生观看相关视频，并以小组讨论的形式分析视频中的内容。集体合作学习可以激发学生的学习热情，进而提高学习成果。同时，借助图片展示，将学生对听力的理解由抽象变得更加具体，从而帮助他们更好地获得相关知识，作好听力前的准备。

2. 信息收集原则

在听力理解活动中往往会在播放录音的情况下辅以配套的问题和选择项。学生可通过对这些内容的快速阅读，收集篇章信息，从而把握文章的主要情节。通过提取题目中的关键词，听者可以为接下来的听力活动在了解题材、选择正确选项上进行一定程度的准备，从而在正式听力活动中提高反应的速度。

通过对上述教学原则综合运用，可以降低学生对日语听力理解的难度，进而增强学生对日语听力练习的积极性和热情。

（二）听中环节的教学原则

通过事先准备听前环节，学生可以有针对性地进入篇章的听力理解环节。为了确保学生能够有效地从听力材料中获取信息并给予反馈，教师需要遵循以下教学原则。

1. 明确化原则

实际证明，学生在进行听力理解时往往需要明确的任务指导，否则难以全神贯注。大多数学生在缺乏明确指示的情况下，即使已经在材料被重复播放两遍后，仍然无法理解材料内容。这是由于在播放材料时学生的注意力一直无法集中，或者由于对材料理解困难而被涣散。为了帮助学生找到活动动机，教师应在听前或者再现材料前让学生获取相应的任务。

2. 层次化原则

在确定听力任务时，应该考虑任务的递进层次，并确保较低层任务能为高层任务提供基础。如果要求学生在一开始就对所听内容做出反馈，可能会给他们带来压力，削弱其听力动力。听力任务的难度逐渐升级可以在给予学生成就感的同时，激发学生挑战更高难度听力任务的热情。

教师可以教导学生先整体理解文本，然后逐渐深入细节，最后思考和评价材料意图。为了获得更好的听力教学效果，必须设定清晰的听力任务，让学生具备目的性。

此外，在听力素材播放时恰当地做出停顿。听力练习材料中经常包含复杂结构和长句子，由于学生的记忆能力不同，长句子便成为了教学过程中的重要难点。如果教师没有适时地暂停播放材料，学生可能因为反应不过来而无法正确理解材料。材料恰当停顿可以为学生熟悉听力活动、消化材料内容提供足够的时间。与此同时，教师可以指导学生学会分析长句子的语法结构，让他们掌握化长为短的能力，并逐渐提高熟练程度，增强学生大脑对信息的解码能力。

此外，对于不同类型的听力材料，需要关注的方面各不相同。听力素材的文体类型多种多样，信息的组织方式也各有不同。了解不同听力素材所具备的文体特点有利于学生掌握收集信息的方法，从而使信息的解码更加流畅自然。

教师要重视互动听力在教学过程的作用。在理解听力内容时，不是所有学生都能自己填补缺失的细节。因此，组织跨语言层次的学生间进行互动具有重要的意义。借助协商合作的方式，学生们能够互相补充漏听的语言信息，从而更好地理解听力内容的含义和形式。

（三）听后环节的教学原则

学生在完成听力材料的听取后，仍然需要进行重要的听后处理，完成听后处理才能算完成整个听力过程。听后环节的教学要遵循以下原则。

1. 反思性教学原则

在教学过程中，教师应当重视反思性教学原则的应用。教师可以通过仔细观察课堂现象、师生互动和与学生的课后沟通，辨别自身在教学方面的优缺点，并有针对性地改进未来的教学效果。另外，在指导学生学习听力的过程中，教师也应鼓励学生撰写反思日志总结学习经验；回顾课堂，发现问题并及时解决；对自身听力理解能力、独立解决问题的能力进行准确评估；反思自身对听力策略应用程度和语言运用能力的进步水平；审视自己在听力学习方面需要改进的方面。

2. 善于引导学生的原则

教师需要在听后环节乃至全部的听力学习过程中，引导学生使用元认知策略。教师需鼓励学生设定详细的听力学习计划与目标，引导其进行自我监测和自我评价，从而引导学生进行自我管理并实现自主学习，推动日语学习的全面进展。

三、日语听力教学的方法

（一）任务型教学法

1. 任务型教学法的起源

自 20 世纪 80 年代起，西方开始在教学过程中运用任务式教学法。根据福斯特（Foster）的看法，任务型教学是一种教学方法，它以教学内容和学生需求为基础，通过设计任务来引导学生在自主学习和应用语言技能的过程中提高自己的能力。这种教学法引起了应用语言学家和外语教师对其作为一种新型课堂教学方式的兴趣。通过将其实际运用于教学过程，可以使用不同类型的任务和环境，激发学生的主动思考、交流、讨论和合作。

根据库玛（Kuma）的观点，语言教学的教学法可被分为以语言为中心、以学生为中心、以学习为中心三种类型。在实际的课堂教学活动中，这三种教学方式之间存在层次关系，其中以学生为中心的课堂交际活动涉及以语言为中心的结构练习，又被涵盖于以学习为中心的教学任务。任务型教学法属于三者中的以学习为中心的教学法。任务教学法主要关注学生学习第二语言时的认知和心理语言学过程，旨在通过有目的的课堂活动和开放式的交际任务为学生提供学习机会。

可以说，相比于交际活动而言，教学任务更为全面且具有更广泛的适应性。

2. 任务型教学法的设计原则

任务型教学法的重点在于规划出恰当的任务，而规划任务的首要工作就是明确任务构成的关键要素。

（1）目标。在教学活动中，教学目标的指示应当具有明确性。

（2）内容。内容即教师需要为学生安排的学习活动、学习行为等。

（3）程序。程序是学习者在完成任务时使用的操作方法和步骤，它体现了学生"如何执行任务"或"在何种情况下执行任务"。

（4）输入材料。输入材料是学生在完成任务中所依赖、应用的资料。

（5）教授者与学习者的角色。应明确定义教师和学生在任务中的职责和角色。任务执行的主体必须是学生，而教师则可以在任务中担任参与者、监督者或指导者的角色。

（6）情境。情境是学生在完成任务时周围的背景和环境。

任务的核心本质可以从任务的这六个基本要素中得出。任务并非内容或目的本身，而仅是达成目标的一种手段。它有助于学生之间相互交流，可增进学生间的联系和互动，同时，还可以增强学生思考和决策的能力。此外，任务为学生提供了在模拟或实际环境中使用目标语言交流并解决问题的机会。通过这种方式，语言学习变得更具语境，而不再局限于机械的语言项目练习。

因此，在设计任务时，应依据如下原则。

（1）真实性原则

在规划任务时，应采纳现实生活中的实例作为输入材料，让任务情境与现实生活的情况尽量相似。为了让学生更好地运用所学语言和技能于现实生活中，教学过程中的学习环境应当真实或仿真，从而为学生提供充足的接触、应用真实语言信息的机会。

（2）形式与功能原则

传统的听力训练存在一个明显缺陷，就是内容脱离了真实语境和实际应用环境。虽然学生可以理解多种语言表达形式，但是他们可能无法熟练、恰当地使用这些表达形式来表达意义和实现功能。为了确保设计任务的有效性，教师需要保持整合语言形式和其功能，在教学中帮助学生深入理解语言的功用和与语境的联系。

（3）连贯性原则

一节课包含多个任务，这些任务之间相互依存，按照一定的顺序逐步展开，涉及不同的层次和深度。后一任务建立在前一任务之上，二者存在相互依存的关系。任务型教学的核心思想就是让学生通过完成一系列连贯任务达到预期的教学效果。

（4）趣味性原则

进行重复机械的听力练习会导致学生的学习热情降低，因此需要采用更具创意和有趣的方式来进行听力训练。任务型教学法有利于激发学生的自主学习热情，通过生动有趣的课堂互动活动，提高学生的学习积极性，从而取得学习成效。

（5）可操作性原则

在设计任务时，需要考虑任务是否能在实际环境中实行，并尽量不出现任务过于复杂、流程烦琐的情况。

（6）实用性原则

在任务的策划阶段，需要同时关注任务的形式和效果。设计课堂任务旨在实现教学目标。因此，在规划任务时，要充分保证每个学生的参与机会，将现有的资源进行充分的规划，创造充分的互动机会，以便成功地实现教学目标。

3. 任务型教学法的任务设计

（1）材料选择

教师应该提供丰富多彩、与现实生活密切相关、真实可信的语言材料，以最终培养学生在现实生活中的语言交际能力为目标。一方面，促进学生之间的语言交流，让他们在实际的对话中提升听力技能；另一方面，向学生提供符合他们兴趣和理解的视听材料，比如日语歌曲、电影、日剧等。这些真实的听力材料是使用"自然途径"学习第二语言的渠道，这些材料使用自然丰富的语调和不同的语速呈现，代表着地道的日语，可帮助学生在真实的语言环境中学习第二语言。另外，在设计听力任务时，应考虑符合学生年龄和兴趣爱好的主题，采用引人入胜的组织方式来激发学生参与热情。在任务执行过程中，应强调团队协作和多方交流互动，这能够增强学生之间的人际互动和情感沟通，从而提高他们的综合素质。

（2）任务设计

究其本质，任务型教学是通过让学生完成各种任务来促进口语交流，从而实现语言习得的目的。因而，任务和活动是教授日语听力的课程中最为核心的组成部分。现今，在听力课堂中常见的任务多数是为了促进理解而设计的，这些任务包括选择题、正误判断题和问答题等。这些听力任务更类似于传统的听力"练习"，而非真正的"任务"。两者之间存在着本质上的差异。首先，任务具有双重性，具体体现在任务既拥有自身所涵盖的非教育性目标，又拥有设计者预期的教学目标；而练习则只有教学上的目的。此外，任务的完成往往会附加非语言上的影响，而进行练习便只有语言性结果。另外，任务的完成模式和途径并不是一成不变的，因此具有较高的开放性，也往往会在结果上具有可变性。且任务的完成过程往往需要多人参与，具有双边或多边互动性。这一性质既体现在学生彼此之间、学生与教师之间，又体现在学生与输入材料之间。以下列出了听力任务设计的具体分类。

回答问题型。在构思听力任务时，应尽可能激发学生的参与热情，确保学生清楚明白"听"的目标。回答问题型任务惯用的方式是进行提问，鼓励学生回答，提问既可以是师生间的形式，又可以是学生间互相提问和分组讨论的形式。

身体反应型。这种听力任务并不需要学生回答问题，而是要求学生依据所听到的内容作出相应的身体反应，比如排序、规划布置场景等。

转化信息型。在这种任务型教学中学生需要根据所听材料，进行表格填写、图形制作等。

重组和评价信息型。这种听力任务要求学生听完录音后，用自己的语言再现出所听到的内容，并能对其中的相关信息进行分析和评估，然后在小组讨论中，发表个人评价和感想等。

4. 任务型教学法的教学实施

（1）导入并介绍话题

首先，教师应完成导入工作，可以采用插图引入方式、回顾复习引入方式、交流讨论引入方式等多种形式进行。通过运用多媒体资源，教师能够在向学生介绍日语听力课任务相关的话题、目标的同时，配合相关图片和文字进行展示。介绍完毕后，教师应当对课上任务进行概述。

其次，唤起语言表达能力。老师可以利用一些有趣的词汇学习活动或游戏来引导学生轻松愉快地学习，并在此过程中向他们介绍在接下来的任务中必要的关键词汇和短语。然后，可邀请学生参与语言练习，提升其对相关知识的熟悉度，不过需要注意练习时间的控制。

最后，对相关技巧进行讲解。让学生接触并掌握系统化的策略和方法，如精听和泛听结合法、预测法、联想法以及语境词汇记忆法等。

（2）任务提出

首先，教师分配已经准备好的听力任务给学生完成。任务中应当以课程主题为主体，以按照学生的学习水平逐步细分的不同子任务和小任务为分支。任务的分配应当合乎逻辑、具有明确的目标，并且能够实施。

然后，学生按照教师的要求，准备相关的听说技能并执行任务。在听完材料后，教师应当规定时间，让学生在个人或小组的基础上完成相应的任务。

接下来，教师运用丰富多样的方法开展任务转化，以加强学生的日语语言应用能力。在任务转化过程中，教师可用如下方式进行引导：情境互动，将学习内容融入实际任务中，促进学生进行自由探索和语言实践，打造互助合作的学习氛围；小组合作，可以利用教材或多媒体资源来展示视听材料，随后提出相应问题以便让学生探究和研究。在小组合作中还可以组织部分学生进行"角色扮演"或"模仿"，作为观众的同学则就表演发表观点，从而建立合作型的学习环境，通过交流培养学生的听力技巧；抛锚式教学，让学生以实际问题为媒介进行学习，引导他们主动应用技巧于真实情境之中，从而实现有效的沟通和交流；案例教学，使用真实的日常生活案例开展练习活动；分层次教学，根据学生的听力水平将其分为不同的能力层次小组，制订开放性的问题，且不同小组的问题之间应当有所差异，汇报方式也应当结合学生情况进行调整。

然后进行学习成果展示。以个人或小组为单位进行公开展示，展示过程中全班参与并成果共享。

最后，分析任务。教师评估本堂课中学生的任务完成情况。当学生在口语表达出现错误时，教师应该采取有效的纠正方式，鼓励学生之间互相纠错，并在必要时提供清晰明确的帮助和指导。

（3）课外作业项目化、新颖化

将班级划分为三至四人的小组，按周为每个听力小组提供一段听力材料。让学生以合作、协作的方式，共同完成任务。任务完成后进行课堂讨论和展示。此外，教师还可按实际情况安排作业，比如使用提供多媒体资源的日语综合视频网站，安排学生进行话题交流或配音活动。

（4）评价方式过程化、层次化

改变传统教学方法中以考试成绩为唯一判定标准的评定方式，结合日常表现运用形成性评估方式，更好地评估不同水平的学生在课堂内外的听力学习成效。

评估学生在课堂上的学习表现。可采用观察法、自我评价、小组评价和教师评价等方法，结合学习过程中的表现情况和最终统一参加考试的成绩情况进行综合评定。

对课外学习的评估。主要采用对日常表现进行评估的方式，其中包括学生自评、小组互评和为每个学生建立学习记录日志等。对学习过程进行量化管理，综合学生所听数量、速度等，在翻译模仿、听写等方面进行能力的综合性评价。

（二）提示型教学法

具备准确推测的能力可以显著提升学生在日语听力方面的表现。利用提示型教学法教学能够促进学生的推测能力发展。这种教学方法要求教师在播放听力材料之前准备相关的知识背景，并使用图片、影音素材、提问和小组讨论等方法，提前引导学生对话题进行思考。

采用提示型教学方法可以丰富学生在听取录音信息时的思考维度，有利于学生通过分析和探究，更精细地理解所听到的信息。经过一段时间的练习后，学生能够有序地回忆起所听内容，更容易在听取录音时聚焦主要信息。以下是该教学法在课堂上的具体操作方法。

（1）在演示录音之前，向学生展示能够传达听力材料内容的多媒体资源或者参考文献。

（2）演示录音，对学生发布记录材料主题和所听内容的任务。

　　（3）将学习者进行分组，每个小组包含 3 到 5 人。小组成员将听到的录音片段汇总在一起，并以此为基础，共同推测、整理出录音内容。

　　（4）在每个小组里选择一名代表，代表他们的小组就会话内容发表成果。

　　提示型教学法展示出了以下两种显著特征。

　　（1）学生的听力能力与自身具备的知识储备密切相关。在播放音像资料前，提供文字和图片的说明，让学生先了解需要的信息，可以帮助他们将已有的知识与之联系起来，为材料的解读奠定基础。

　　（2）教师要培养学生的推测能力，应当让每个小组整合他们听到的音频和视频材料，然后用这些材料作为线索进行小组形式的材料推测。这种学习方式能够在合作的轻松氛围中帮助学生自然而然地培养预测、推断文章的听力习惯。

　　提示型教学法旨在培养学生运用从整体到局部的理解分析策略来加强听力技能。因此，学生事先收到的提示必须是有助于他们在大脑中形成系统化知识结构的内容。经效果评估后发现，学生在经过七次提示式教学的听力学习后，便能够通过理解上下文的方法，推断出之前不熟悉的单词和短语的含义。随着训练频率提高，学生可以更精确地理解文章的主旨，更深入地分析文章的内容。

　　不仅如此，提示型教学法还能激发学生在学习过程中的进取精神，使学生有意识地提升自己的听力能力。接受提示型教学法训练后，多数学生反映：在学习日语听力时，不再拼命听取每个假名的发音，而是更注重从上下文推断文章内容。这种听力方式改变了他们对听力学习的态度，使之变得更加积极。提示型教学法可鼓励学生自主学习和思考，而且能够增强他们对听力技能的信心。学生在经过定期的学习后可以自主地将提示信息联想起来，在考试或者日常生活中获得更加优秀的能力表现。

（三）情境教学法

1. 情境教学法的定义

　　情境教学法（Situational Method）出现于"二战"后的欧洲，是一种视听教学法（the Audio-visual Method）。情境教学法通过利用多媒体、角色扮演等方法，在教学环境中创造合适的情境，以抽象和形象相结合、认知和情感相融、教与学密切联系的方式，让学生在课堂中主动参与、提高创造力和积极性，跳出传统被动接收知识的教学模式。情境教学法的主要思想是让学习者沉浸于真实的语言环境中，通过创建各种虚拟情境来提供趣味性的学习平台，帮助学生在特定的语境中练习单词、语法和句子，这种方法比简单的机械练习更加有效。

2. 情境教学法运用于日语专业听力教学

作为贯穿初高级日语学习的不可或缺的学习工具，听力的学习一直是让许多学生和日语教师头疼的问题。学习的自发性和主动性在听力学习的过程中扮演着重要的角色。因此，将情境教学法应用到听力的实际教学中是相当有必要的。

（1）创设生活情境

没有生活就没有语言，因此在教授日语听力时，教师应该尽量将课堂贴近真实的社会情景，挖掘生活中的听力内容，通过还原场景来让学生身临其境地锻炼自身的听力能力，进行认知、记忆和思考活动。

（2）创设游戏情境

将游戏元素融入听力教学内容，能让学生在轻松愉悦的氛围中自主探索，同时激发其对日语学习的热情。在游戏教学中，教师是引导者。游戏教学的重点在于激发学生的兴趣和积极性，促使其全面参与到教学中来。在实际教学中，教师可以在课上进行听力材料的演示，并要求学生在其中识别日常用语。接着，挑选一些同学来参与游戏。开始时，第一个学生需要说出听到的内容，如果有缺漏，可复播材料。这种听力教学方案具备明确的目标和趣味性，能够激发学生对学习的兴趣，并使其在游戏中有效提升听力水平。第一位同学下场之后，若有未被捕捉的关键词汇，便由下位同学进行补充。若仍有未被提及的词汇，则可以继续播放听力材料，直至有人能够完整地复述出来为止。这种寻找完整叙述听力材料人选的方式激发了学生的竞争心理，促使他们在听取材料时更加专注和高效。同时，对材料的复播，也有助于学生正确掌握日语发音。

（3）创设情感情境

教学的灵魂在于情感，在教学过程中如果教师是冷漠的，那么教学也会失去其灵魂。教师应该在日语听力课堂上创造出欢乐、自由、合作的氛围，以情感作为教学手段，提高学生的听力效率。这样不仅可以激发学生的情感共鸣和学习兴趣，还能够潜移默化地传达日本文化中的谦虚和谨慎。

（4）运用多媒体情境

多媒体技术的不断发展为听力教学带来了巨大的益处。多媒体技术能够打破时间和空间的限制，融合声音和影像等多种元素，以最真实、多样化、生动的方式呈现真实世界的声音、颜色和形态，为学生打造身临其境的日语学习场景，使学习过程更加丰富多彩。比如，在听力教学中引入一些学生喜欢的日剧片段，可让学生感受日语在不同语境中的表达方式。另外，通过播放一些广受欢迎的日语歌曲，也能激发学生的兴趣并营造更加愉悦的教学氛围。这些举措还有助于学生了解日本的流行文化。

（5）利用角色情境

通过在实际教学中开展角色扮演活动，教师可以帮助学生进行日语训练，模拟真实日语交流场景。当然，在进行角色情景应用之前，需要学生先掌握日语材料的大意和语法，并能够在预设的情景下熟练地开口说日语。语言教学的经验提醒教师，听力和口语是紧密相连的两个训练模块。想要学生事半功倍地掌握地道的日语，就需要在教学过程中将听和说结合起来。经过教学实践验证，与以往的教学法不同，情境教学法脱离了维智主义的束缚，在教学中关注学生的情感体验和实际应用能力，将言语、行动和情感融为一体。借助情境教学法，教师能够成功地调动起学生的兴趣和主动性，提高听力教学的效果。

（四）直接教学法

1. 直接教学法的特点

直接教学法的主要特点是课堂上只用日语，让学生通过教师的口头传授直接记住句型等语言知识。学生可以通过反复模拟练习来使自己熟悉特定的语法和结构。在教学过程中，教师不使用母语，而是通过形象化教具、手势以及其他多种手段来展示所要传授的语言意思。人们已经创造了许多特殊的方式教授语言，可以不用母语、不依靠翻译。直接教学法对师生双方的要求都很高。

2. 直接教学法的实施

首先，向学生提供大量日语的实例和语料，让他们能够从每天接触的日语素材中自然而然地理解文法规则。即使第二语言学习者的语法和词汇知识不太丰富，他们的认知能力也不一定会受到影响。就像母语学习者一样，第二语言学习者可以通过归纳学会第二语言的语法。

其次，教师在上课时不会过多解析或解释文法规则。这是因为一旦学生把文法规则当作"规则"来记忆，就很难直接将其与语言"意义"建立起联系；如果学生不能很好地将所学的文法和意义相结合，那么他们所获得的知识就不能够在实际的日语沟通中自然地应用。

再次，直接教学法更加注重使学生优先掌握日语学习中的词汇。在这种教学法的单词教学过程中，教师不仅会以"单词表"的形式呈现单词，而且会尽量将这些单词置于有意义的句子或段落中，使学生更好地理解其用法和含义。只有把单词存入学生的"活用字库"，学生才能在日常生活中自然运用这些单词，而不是仅仅认识这些单词，却无法在交流中运用。教师授课时，必须留意学生是否能够准确地运用单词来构造完整的句子。

（五）交际教学法

1. 交际教学法概述

交际教学法又被称为"意念法"，也被称为"功能法"或者"意念—功能法"。这种教学方法基于语言的功能目的，旨在帮助学生在特定的社会语境中提高语言交际能力。在交际教学法中，强调学习语言规则的意义在于帮助学生在真实的社交场合中，以准确而有礼的方式表达自己的意思。

2. 交际教学法的实施

（1）交际教学法强调培养学生与他人交流的能力，教学中注重培养学生灵活、得体地运用语言来表达自己的思想和观点，不仅注重语言的正确性，还要注重交际的适宜性。

（2）以功能意念为纲。结合学习者的实际需求来选择自然而真实的语言素材，避免使用经过加工的教科书式语言。

（3）交际教学法的教学过程倡导以交际为导向，既强调交际本身的作用，也将其作为学习的手段。要达成这一目标，教师需在授课过程中创造出逼真的沟通情境，并大量使用小组合作，借此通过频繁的口语交际来发展学生的语言能力。教师往往会将课堂中的交际活动与学生在日常生活中的交际行为相结合。

（4）交际教学法将语言交流作为教学的基本单位。其主张语言并非由孤立的词汇或段落单独存在，而是建立在通顺的上下文语境之上。

（5）在交际教学法中综合运用单项技能练习和综合性技能训练来提升学生的语言能力，其中更加强调综合性的训练。

（6）在交际教学法中，对学习者的语言错误应适当地宽容。只要不妨碍交流，就不必进行纠正。教师应当努力激发学生交际的积极性。

（7）交际教学法注重在教学中提供具有针对性的交际需求服务，以语言功能为纲，以学生为中心。

（8）交际教学法主张多样化的教学手段，不局限于使用传统的教科书，充分利用各种教学辅助工具，如参考书籍、磁带等。

（9）交际教学法的核心在于让学生沉浸在真实情境中，以日语进行交流，以提高日语交际水平。

第二节　高校日语口语教学

一、日语口语教学基础知识揭示

（一）日语口语教学的基础理论

1. 模因论

（1）模因论与模仿式口语教学

①传统教学存在的问题与模仿式口语教学

在我国传统外语教学模式下，通常以教师为主体。教师口头教授学生词汇定义和运用方式，分析语法结构，并要求学生掌握词汇和语法规则。学生在做习题或参加考试时,常常会通过回忆老师曾讲的内容或之前记忆的内容,按部就班地遵循语法规则对习题中的单词进行排列组合。这种教育方式培养出来的学生往往需要在说话之前花费大量时间思考用词和语法,因此他们在开口说外语时常常表现出困难、不流畅的特征。采用模仿式口语教学法有助于学生流利地表达,避免他们在进行口语交流中花费时间选择词汇和重新组织句子结构。模仿式教学法通过支持学生与虚拟角色、场景和口语实况材料互动,帮助学生通过多次的熟悉和模仿,逐步锻炼口语能力,获得在词汇、语音语调、句法等方面的表达能力,以及在会话中常见的省略、习惯用法等方面的应用能力。该方法涉及现实场景中的语言情境。模仿式口语教学法要求学生注意交谈者的表情、动作、会话习惯和会话场面,以便更好地理解和运用语言。模仿式口语在教学中的实际应用需要经历四个步骤:视听+感受;跟读+记忆;模仿+表达;模仿+移用。

②模因论与模仿式口语教学的契合点

在模因理论中,模因的基础和传播媒介都是模仿。根据海拉恩(Heylighen)的研究,模因的传播和复制可以划分为四个阶段:同化阶段,指主体能够察觉、理解并能够在主观上接受复制因子;记忆阶段,复制因子在宿主的大脑中停留的时间越久,那么生成模因的可能性就越大;表达阶段,复制因子必须在宿主的大脑中从被记忆状态切换到输出状态,且这种输出状态应当是可以被宿主感知的形式,这种形式往往是话语;传播阶段,在传播模因的时候,需要借助一些具体的媒介,比如图片、光盘或者网站等。这些媒介是帮助模因被传递到其他潜在宿主大脑的工具。模仿式口语教学在过程上经历了与模因传播几乎一致的阶段。

通过讲解和其他信息传递的方式,模仿式口语教学方法旨在向学生的大脑灌输全新的语言因子,同时让他们在过程中能够记忆、模仿、复制和表达该语言因子。在日语学习过程中,模仿扮演着不可缺少的重要角色。尤其是在初学者学习日语时,采用模仿式口语教学可以让学习过程变得更科学、更有效,相比于其他教学方法,如启发性教学法等,模仿式口语教学法呈现出更好的效果。

(2)模因论在日语口语教学中的应用

①模仿式口语教学中的模因

根据模因理论,模因的初始形态是一个文化模仿单位,它在人们的大脑中被储存为复制因子。复制因子的主要特点包括长期存在、容易进行复制和高保真。作为日本文化的一个方面，日语也可被视为一种文化复制单位，可以说，日语也属于一种复制因子。正确的复制因子选择是实施模仿式口语教学的基石。那么，在日语口语教学中，需要学生记忆和模仿的模因材料包括什么？这一问题的答案通常为两种：一是熟记所学课本内容，二是模仿教师。

虽然学生需要背诵课本中的文本，但单纯的背诵无法让学生真正理解语言的丰富和准确，而且也不如通过模仿更为有效。与此同时，我们不能期望所有中国教师都具备与日本母语人士相同水平的日语技能和口语表达能力，也不能要求所有外籍教师的教学方法完美无瑕。除此之外，期望一位教师扮演所有会话角色并创造必要的情境也是不现实的。由此可见，在实际的日语口语教学中，模因不只是指课本中的对话文本，也不能单纯依赖对教师的模仿实现。

要说一口流利的口语，需要在特定的场景和与特定的人交流。若要学好日语口语，学生不仅应当掌握单词、语法等方面，还需了解、学习日本人的文化及思维方式等。这些要求若只依赖于学校提供的精读、泛读等课程，是难以被真正地亲身体验和掌握的。这意味着教师要在课堂时间有限的情况下，创造逼真且与现实极为接近的虚拟谈话人、场景和内容，涉及从文字材料到词汇和句法的使用，以及日本人的会话风格等方方面面。这些就是学生在模仿口语教学中需要接触并学习的复制因子。在实际教学中往往会用到实时对话和影视剧视频材料，因为它们更能还原真实场景，且具有生动准确、指示清晰等优势，是一种功能全面的复制因子。

②日语口语教学中的模因应用过程

日语口语教学的全过程可以通过模因传播周期的四个阶段得到展现。

A. 视听+感受。这个阶段是为了准备开始教学而进行的。课程开头呈现给学生的不仅仅是书本中的文字，而应当有能够吸引他们注意力的情境。在这种情境中，教师应引导学生发挥想象力，努力尝试运用已有知识，进行适应情景的简单对话。这种情况下，学生的表现可能不够好，往往会出现错误。在这种情况下，老师应该保持平和的心态，为学生提供有关联的实际对话材料，必要时给予学生简短的提示，让学生通过自己的体验发现之前的问题，并且激发他们的模仿欲望。这一过程正是口语模仿教学中的同化阶段，词汇语法语用、语言习惯和语音等因素被同化进学生的大脑，同时也为下一阶段的进行提供了复制因子。

B. 跟读+记忆。初次接触到实况会话文字材料时，学生往往读起来不太流畅。因为每个对话都使用了非常口语化的表达方式，与以前所学的正式书面语有很大的不同，这些不同包括但不限于，语调的夸张、词汇的缺省或简化以及元音的省略等方面。所以，虽然学生在上一阶段已经开始想要亲身尝试，但要一步到位却非常困难。教师应该要求学生反复听取材料，然后进行"影子训练"（跟读训练），严格按照材料中的语音语调模仿。一旦学生的技能提高，教师就可以启动让他们背诵相关材料的计划，直到他们能够熟练地口头表达为止。这一过程通过反复在学生脑海进行了复制因子的强化，在整个模因周期中，这一步骤都是至关重要的。在这一过程中，教师需要在严格要求的前提下激励、鼓舞学生积极合作，充分利用学生的学习热情。

C. 模仿+表达。学生需要将上述复制因子从记忆模式转换成可感知的具体形式，并试着模仿出来。这需要学生反复记忆多次才能掌握。只有不断地听和记，口语材料才能深入存储在记忆中。这一阶段，学生不仅仅应当记住对话的文字，还要模仿原始材料的发音和语调，并表达出贴近原会话人的情感。反复的练习可以使大部分学生在模仿原会话人时比较轻松。等到他们意识到能够轻松模仿原会话人时，便会惊喜地发现能够在这种情境下表述出和原会话人一样的流畅、自然的日语。

D. 模仿+移用。教师在培养学生的记忆和模仿能力时，需要在数量上保证模仿因子的充足供应。在语言学习中，目标语和第一语言往往存在着表达上的巨大差异，与此同时，两种语言所处的文化背景也不同。帮助学生学习记忆和模仿的技巧，能够逐渐培养他们用多种不同方式表达相似主题和想法的能力，并促进他们在交流对话中更加自如地运用这些技能。

2. 情境认知理论

（1）情境认知理论概述

布朗、科林斯与杜吉穗（Brown、Collins & Duguid）于1989年在研究中提出：

"个体的心理通常在情境中活动,情境(context)可分为三个方面,物质的或任务方面的环境的、或生态的、社会的或互动的"[①]。根据情境认知理论,学习是一种基于具体场景和实践的互动过程,学生通过与周遭环境的互动,逐渐习得技能和能力。

情境认知理论认为,学习过程呈现了情境性、真实性、实践性、探究性与主动性五个特点。情境性体现在日语口语教学中,强调培养学生口语技能的实践能力,通过有效的情景模拟来提高学生口语表达的水平;真实性则重视语言应用时所处情景的真实程度,通过在真实情境中进行口语练习,可以帮助学生更好地将语言技能与实际生活融合,提高学习积极性和表达能力;实践性则强调口语学习要通过反复实操来适应情境变化并提升语言表达能力;探究性则为学生提供在真实的情境模拟中探索口语表达中存在的问题的机会,帮助其掌握课本外的必备知识。这种学习方式能够激发学生的兴趣,让他们更加主动地参与口语表达的学习。主动性是情境认知理论预期的培养目标。提倡学生通过积极地表达来感受口语技能的提升所带来的成就感,从而从一开始的被动听、说、读中逐渐转变为更加主动地参与和表达。

(2)情境认知理论对日语口语教学的启示

根据情境认知理论,学习者的学习成果与他们所处的学习环境密切相关。相比建构主义学习理论,情境认知理论提出的教学方法更具一般性。这种教学方法重视教师的指导,要求教师精心设计多样化的教学活动,运用多种视听手段,满足现代学生对课堂的需求。情景认知理论探讨人们在自然环境中的思维过程,重视在自然情景下的学习,致力于为学习提供原生态环境。

①真实的情境能提高日语口语教学的效果

通过模拟真实情境,日语口语的学习可以显著增强学生的语言沟通技巧。比如说,如果教师要教授学生口语对话中有关"富士山"的话题,可以利用PPT中美丽的富士山雪景图片来引导学生的视觉体验,从而帮助他们更加深刻地记忆口语词汇。情境教学模式中,往往需要注意摆脱传统的讲授法,尽管这种方法能够

---

① 刘革,吴庆麟.情境认知理论的三大流派及争论[J].上海教育科研,2012(1):37-41.

有效地传递信息，但是可能会导致学生口语和书面表达能力缺乏的情况。情景教学模式重视将教学内容嵌入到设定好的情境之中，为学生提供符合自然规律的记忆情境；当前普遍应用的多种大脑记忆培训方法都包括基于情节的记忆技巧，也是遵循了这一理念。

②情境认知教学应该具有连贯性和延展性

情景教学中应用多媒体进行情景建构时，需要保证所用场景的完整和连贯，以免影响教学内容的连贯和关联，如在进行東京タワー（东京塔）相关教学时，老师可以通过展示图片布置情境，让学生仿佛在旅游一般接触教学内容；教师还可设置实例来帮助学生使用课文中的语言表达方式和单词，展开讨论东京塔的兴建史、独特建筑特色等主题。需要注意在上述的情境延展中设定一定的范围，场景应该始终围绕着主题展开。比如，在谈论東京タワー（东京塔）时，学生可以通过展开塔在不同季节下的景色来延伸话题，但如果延展到"打车攻略"则偏离了原本的讨论。

③教师在情境教学中扮演重要角色

根据费厄斯坦的中介作用理论（Mediation Theory），在语言教学中，教师并非提供任务、推动学生交流进程后就功成身退，而是应当贯穿包括参与和评价在内的整个过程。情境教学需要教师的全程参与，同时应当保证教学活动的主体是学生。在日语口语教学中，老师需要提前构思好情景，同时利用多媒体等视听工具将情景架设成功，而后需要引导学生融入其中，对特定的主题开展讨论。教师要确保学生的课堂主动性，但也应当将学生的活动纳入自身的调控能力之内。

（二）日语口语教学内容

日语口语教学是以培养学习者的口头交际能力为目标的课堂教学，其教学内容大致包括如下几个方面。

1. 语音、语调

语音、语调具有一定的表意功能，人一开口说话就必然会涉及语音、语调，如高低起伏、轻重缓急、音调音质等。教学中教师不仅要关注句子层面的语音、语调，而且要关注口语语篇中的语音、语调。

2. 词汇

谈话者的语言能力在口语交际中扮演着不可或缺的重要角色，而对于语言来说，词汇是进行语言能力培养的关键。在交谈过程中，当合乎交际礼仪的交流框架构建起来以后，人们的交流就要依靠词汇来进行填充。在日语教学中，许多学生对单词的所谓"掌握"，只是一般性的识记中文释义和会拼写，却不能脱口而出地使用词语造出句子。也就是说，语言交际框架的最基础阶段和层次的问题没有得到解决，在这种情况下学生的口头表达能力很难得到提高。

因此，学生日语口语能力差的最根本原因之一是词汇掌握程度差。从这个意义上说，口语教学的内容离不开词汇教学，且词汇教学应该交际化。要实现词汇教学的交际化，口语教学需从单词的音、形、义的练习以及词的搭配、造句入手，扩大学生的词汇量，这不仅是提高学生日语口语能力的有效途径，而且是提高学生日语口语能力的前提和关键。

口语有其自身的语法和词汇。例如，在口语语篇中，当谈话内容涉及听者的时候，疑问句通常省略主语和辅助动词；口语中常见的词汇模式是重复单词、使用同义词和反义词等，了解口语的特征有利于提高学生说话的得体性。

3. 语法

语法是组词成句的规则，是正确表达的一个重要前提。在我国传统的日语教学中，语法一直处于中心位置，尽管如此，学生对语法的掌握也多是机械记忆、缺乏变通，不能熟练地应用到口头交际中。因此，语法教学仍然是口语教学的重要内容，而且也应走交际化、实用化的路线，这是口语语法教学的关键。

语法教学交际化包括：第一，向学生讲授口语句型的特点，并对此进行专项训练；第二，训练学生熟练地使用语法句型表达自己的思想；第三，训练学生听懂特定的口语句型。词汇是表达的基础，语法是表达的规范，离开了词汇和语法也就无法表达。有的教师和学生把词汇教学、语法教学与口语教学对立起来，这是口语教学中的一个严重认识误区。事实上，词汇和语法都对学生的口语表达技能起着至关重要的作用。

4. 语言文化

在日语口语交际中，文化知识也是必不可少的。众所周知，文化对语言产生了深刻影响，具体体现在词语的意义结构和话语的组织结构两个方面。为了在社交场合表现得得体，教师需要培养学生的文化素养，包括常见的社交礼仪以及在跨文化交流中需要遵守的规范。这就意味着学生不仅要具有良好的语言能力，还要具备一定的文化知识，以使自己的语言符合所处的语言环境、文化氛围。

5. 交际知识与互动技能

蒂莫西（Timothy）认为，怎样开始说话是一个重要的问题，怎样结束谈话也是一个值得研究的问题。在口语教学的过程中，教学需要引导学生掌握一些口语交际的技能。话轮转换技巧对会话的成功起着至关重要的作用。话轮转换对于本族语者来说很容易而且很自然就可以学会，但对于二语学习者来说却不是容易的事情。口语教学还应培养学生在互动中进行意义磋商的技能，培养学生引导话题、提出新话题、迅速表达自己的观点、保持交流、吸引听众的注意力、平衡发言权、清晰表达意思、请求澄清、展示倾听与理解等技巧，从而达到"帮助学生提高说的得体性、准确性、流利性和连贯性，增强语感"的教学目的。具体到教学过程中，日语口语教学的内容包含了语音训练、词汇和语法、会话技巧等，下面就这些内容进行介绍。

（1）语音训练

语音（音声）指人们为了向别人表达自己的思想、感情、意志等时，利用发音器官（音声器官）发出来的声音。语言学中所说的语音，是指以进行人际交流为目的的声音，因此，不包括生理现象中的一些条件反射式的声音，如打喷嚏、打哈欠时的声音等。笑声、有意识的咳嗽声以及起到一定信号作用的声音，如希望人们安静下来的"嘘——"的声音、约好开始行动的口哨声等，虽然也可以达到交流的目的，但因其并不具备一般语言发音的可分析性，即按照该语言的音韵体系将其分析成一个个元音和辅音，所以也不包括在内。

研究人类发声的学科叫"语音学（音声学）"，它可以大致分为"发音语音学""听觉语音学""音响语音学"。与语言研究关系最密切的是"发音语音学"。

语音教学的目的在于让学生掌握正确的语音和语调，包括重读、弱读、连读、停顿等。错误的发音、语调会造成他人的理解困难，甚至误解。因此，语音是学生日语口语学习中必须掌握的内容。

（2）语调

语调是指语音的"旋律"，也就是声调高低的变化。日语语调分为上升调和下降调。不同类型的句子使用的语调不同，表达的含义也不同，在句子中使用不同的语调可以表达不同的含义。日语语调特点是平缓，没有大起大落，一个单词放在句子中，重音往往会有变化，原则是保持整个句子平缓，只要做到这个单词和它的前后保持平调，那么就不至于让人听着不舒服，语调基本上就是正确的了。

①升调

由于语调是附加在原词的声调上的，因此平板型词与中高型词的升调有着不同的表现形式。平板型声调的词，其升调是在较高的起点上进一步升高；起伏型声调的词，其升调则是由低升到高。另外，根据语气的需要，升调常常是在音高上升的同时把末音节中元音的时长也拉长。一般说来，音调的升幅大小与时长跟语气的强弱成正比——语气越强，升幅越大，末音节元音也拉得越长。

一般而言，升调主要表达说话者与听话者在感情、情绪等方面的联系或呼应。具体地说，升调可以在提出疑问建议、温和地命令、获取关注等场合使用。

②平调

平调是句尾的音高既不升高也不降低的语调（用"—"来表示）。换言之，平调只是词或词组原有声调的实现，但整个词或词组的音域略低。平调一般用于肯定的语气。

③降调

降调是句尾音节音高急速下降的语调。一般而言，末音节为高读时音高下降的幅度较大，末音节为低读时，末音节自身的下降幅度较小，但作为补偿，整个语义单位的音域加宽（音高上限向上扩张），因此整体上的降幅仍然很大。语气较强时，末音节的时长也会随之拉长。

一般来说，降调在整体上用来隔断说话人与听话人在感情、情绪上的共享或联系。换言之，降调所表达的情绪是封闭的、内向的。

④升降调

升降调的语音表现是先升后降。这种语调多用于好友之间，一般只伴随终助词"ね"出现，表示一种复杂的语气：既有对发话者的强烈赞同，又隐含对话题中某人某事的不满。

6. 节奏

日语是典型的节奏语言，说到节奏，就不能不提及音节。日语音节，以假名为单位，一般都定义为"一个假名为一个音节"（音是两个假名一个音节）。音节分长音节和短音节两大类，日语音节只有一长一短的特点。日语节奏的基本规则：两个音节（假名）一个节奏；以停顿补足，确保两个音节一个节奏；长音节优先组合；音节依次组合。

二、日语口语教学的原则

（一）鼓励原则

交际日语能力的提高是一个循序渐进的漫长过程，需要良好的日语氛围和不懈的努力。因此，教师应该致力为学生营造这种口语学习氛围，鼓励学生不断练习口语。具体来说，教师可以从以下几个方面着手。

（1）上精读课时教师可以要求学生发表与课文主题相关的看法，这一方面可以锻炼学生的口语表达能力；另一方面也能够促进学生对课文主题的理解，提高独立思考的能力。

（2）教师可把"听力课"变成"听说课"，让学生听完材料以后也对材料主题、内容等发表意见。

（3）教师可鼓励学生多参加日语课外活动，如日语角、辩论赛、日语朗诵、游戏、角色扮演等，这些灵活多样的活动都需要学生开口说日语，有助于激发学生的兴趣，增加学生的口语练习机会，引导学生变被动接受为主动开口。

（4）注意纠正错误的策略。很多学生由于口语基础薄弱，因而不敢开口说日语或说的时候十分紧张，害怕出错，此时教师若揪住学生口语表达中的各种错误不放，大讲特讲，学生就会产生畏惧心理，以后更加不敢随便开口了。因此，对于学生的口头表达，教师应该多表扬、鼓励，纠正学生表达错误时不要逢错必纠，而应纠正那些严重损害语义的错误。另外，学生的表达陷入困境时，教师也应给予帮助，使学生顺利完成表达。

（二）与实际生活相关的原则

在交际日语教学中，教师可为学生多设计一些与实际生活相关的情景，使学生意识到交际日语的实用性、重要性、有趣性，从而积极投入口语练习活动之中。例如，教师可以根据中日饮食文化的不同，让学生用所学词汇将中日美食做一番总结、对比等，一方面巩固了学生的词汇量，另一方面也锻炼了学生的日语口语。需要指出的是，在情景练习中教师还要鼓励学生变换句型，不能一成不变地使用同一个句型，这对口语能力的提高是十分不利的。

（三）坚持日语教学的原则

交际日语教学时间不足严重制约了学生的口语发展，因此教师不应该采用汉语授课，而应坚持使用日语授课，充分利用课堂上的每一分钟，增加学生与日语的接触，这有助于培养学生用日语看、听、说、读、写、思考的习惯。即使班里学生的日语水平差别较大，教师也不能放弃用日语教学的原则，而应使用一些简单、基本的教学用语，尽量保证每位学生都能听明白，久而久之学生的听力水平也会有所提高。教师可逐渐使用一些较难的课堂指示语，促进学生的口语表达。教师在用日语授课时应注意学生的反应，观察学生是否听懂了，对于个别十分难懂的地方也可适当用汉语解释，但点到即可，汉语使用不能过多，否则很容易造成学生对汉语的依赖。

三、日语口语教学的方法

（一）日语语法教学应用于日语口语教学

作为广受欢迎的一门学科，日语已经成为现代教育中全面培养交际能力时的必选课程。在日语教学的过程中，教师可以通过丰富多彩的语法教学来激发学生口语学习的热情。

1.日语语法的特点

关于日语语法的特点至少可以从以下三个方面进行概括。

（1）抽象性（概括性）

语法讲的是规则，而规则最大的特点就是抽象性。语法对语言结构规律的阐释是建立在大量具有显著特征句子的抽象化分析基础上产生的，虽然语言材料无以数计，但作为客观存在的词的结构方式、词组和句子的结构规则等却是有限的。日语的语法具有抽象性和概括性。

（2）稳定性

语言的基本结构由词汇和语法构成。尽管语言随着时间推移会发生一定的变化，语法也处于持续的动态之中，但相比词汇和语音，语法的变化要缓慢得多，因此语法具有稳定性。语法的稳定性也与语法的抽象性密切相关。语法是一个由各种抽象的规则构成的有机的体系，许多语法结构和语法范畴都会沿用很多年而较少发生变化，例如，日语的语序一直都是SOV类型（主—宾—谓类型）的。

（3）民族性

各种语言都有明显的民族特点，不仅表现在语音和词汇上，也表现在语法上。一种语言语法的民族性特点只有在同其他语言的比较中才能体现出来。例如，日语语法的民族性主要体现在：形态比较发达，语法意义和语法功能通常是通过特定的标记来表示的，即日语的有标性比较明显。

2. 语法教学的作用

要想获得较好的日语学习成果，打好语法基础是必不可少的。学生只有精通日语语法，才可以更加深入地理解日语句子，更加熟练地掌握句子的各个组成部分，从而纠正在翻译时一味依赖词汇的低效做法。需要注意的是，语法知识在翻译时的应用是一门较高难度的技巧，必须建立在对原文语法结构的准确理解基础上。

在教授日语语法时，教师往往会发现学生在尝试翻译时，即使已经掌握了翻译材料中的全部词汇，却仍然难以理解和翻译文章，给出的翻译结果常常缺乏连贯性和条理性。归根结底，这是因为学生没有掌握好文章或句子的构成要素，也就是缺乏相应的语法知识造成的。若想提升学生日语翻译水平，就需首先确保学生具备扎实的语法基础，对各种语法结构能够进行熟练的应用。只有这样，学生的日语成绩才会获得进步，在进行口头交流时才会更加顺畅，进而为在未来的学习、工作中创造价值奠定基础。

3.日语语法教学在口语中的应用

（1）在日语口语的单词和句子教学积累中，增加语法教学

在日语口语教学方面，使用日语语法进行教学有其独特的优势，具有极高的实用价值和实际意义。要让学生的口语能力得到提高，教授日语口语的教师首先需要帮助学生积累更多的词汇和短语，这是提升口语能力的基础，可以提高学生的语言组织能力，从而让他们更流利地运用日语进行口语交流。在日语口语教学中运用语法教学法，关键要紧密结合单词和句子的运用。只有这样才可以帮助学生更好地理解句子成分，让学生掌握构造连贯通顺句子的方法。教师在教授日语语法时，应特别注意营造优良的教学环境。教授日语语法并非容易的工作，学生的学习态度在此尤为重要。在教学中教师应注意调动学生积极性，口语教学作业也应该重视与学生的互动，建立互信和互动关系，合理设定教学目标，并针对不同学生的学习需求进行差异化教学。针对日语学习能力较弱的学生，教师应该多多包容，启发他们挖掘自身潜力，帮助学生全面发展。

（2）在日语口语交流中通过语法教学，提高学生的交流能力

在完成基本的单词和句子教学任务后，教师需要实施第二阶段的教学任务。为了提高口语交流水平，教师应该鼓励学生朗读日语句子和文章，进行口语实践。在这一阶段的日语口语教学中，教师应优先利用语音和多媒体工具，来帮助学生学习标准的发音。此外，通过利用多媒体和声音资源，学生可以审视句子和文章的语法结构，进而认识单词在句子中的多种用法。在学生领会文章和句子的主题后，教师应当协助他们深入分析整篇文章和句子，探索文章教学中的语法特色和知识。在学生掌握语法知识后，教师可以考虑开展小组讨论活动，在课堂上进行公开讨论。这样做不仅可以增强学生对语法知识的记忆，还可以提高他们的日语口语交流能力，这也证明了日语语法教学和口语教学彼此之间密不可分。为了让语法口语教学更加有效，教师还应该鼓励学生应用储备的知识，自创文章短句用于交流，同时鼓励学生朗读自创短句，并与他们一起就此进行交流讨论，表扬学生语法应用的优点。此外，老师还能以学生构建的优秀文章为口语材料，为学生分配角色就此开展对话练习。这种方法对于培养学生的口语交际能力和语法知识

积累十分有益，为学生今后的日语学习打下了坚实的基础。

在口语教学中应用语法教学，教师应首先着手提升学生的词汇、句子的积累量，从而为后续的口语交际提供条件。学生对词汇的积累有助于增强其语言组织能力，进而改善语言交际水平。另外，教师通过在口语教学中讲解日语语法知识，可以帮助学生提高理解能力，促使其身心全面发展，从而达到最好的教学效果。

（二）配音与角色扮演

1. 配音

配音活动的开展方式并不是固定的。教师可以先让学生听一段电影、电视片段，再讲解其中的语言点，讲解完后再播放两遍给学生听，让学生尽量记住里面的对白，然后将电影、电视调至无声，让学生根据记忆为电影配音。除此以外，教师也可以让学生观看一段无声的电影、电视，然后让学生发挥想象力为画面配音。这种方法更有助于激发学生的想象力，调动他们的参与积极性，口语练习的效果也会更好。

2. 角色扮演

角色扮演是一种深受学生喜爱的教学活动，也是情境教学的一种主要教学手段。操作时，教师可先为学生提供一个具体的情景。这种角色扮演有助于增加口语教学的趣味性，降低学生对口语学习的畏惧；有助于将学生从机械、重复、单调的练习中解放出来，为他们提供在实际的社会应用场景中扮演角色进行口语交际的条件，因此对口语教学的效果有很大的提升作用。

（三）协作式教学法

1. 协作式教学方法概述

协作式教学模式所依据的学习理论是建构主义。建构主义学习理论认为，创造有利于学习的环境需要考虑"情境""协作""会话"及"意义建构"这些关键属性或要素。这一理论强调个体的主观能动性在认知结构的建立过程中起着关键作用，并主张个人在建立认知结构时需要积极主动，学习应被看作是社交和互动的合作过程，教学活动应当围绕着学生开展。日语口语的课堂教学就是在教师的指引、合作的环境下,充分发挥学生主观能动性,进行日语语言意义建构的过程。在这种情况下,日语口语教学中一个有效的教学途径就在于创建一种协作式的日语口语课堂教学模式,这一教学模式强调由学生主导学习活动,任务引导学习过程,协作贯穿学习主线,将语言意义的构建作为学习的目标。

2. 协作式日语口语课堂教学模式的应用

语言教学的进行旨在增强学生的跨文化交际能力,重在培养学生在人际交往中,流畅地与其他语言使用者进行沟通和合作的技能发展。因此,在口语教学中,协作式的教学活动模式就显得尤为重要。教师应指导学生通过实践任务、协作互助和各种资源的使用,共同实现语言意义的构建和交流,这种模式被称为协作式口语课堂教学。此教学模式注重学生自主管理,并以合作探究为基础的方式来辅助教学。具体实施方法为:教师扮演引导者角色,辅助学生确立学习目标,并给予相关指引;教师完成任务设计;教师对学生进行小组划分,将设计好的任务分配给学生;学生以小组为单位与其他成员相互合作,充分利用可用资源,共同研究学习材料;学生展示小组学习成果;师生之间、学生之间开展评估活动,衡量学习成果;教师和学生共同总结,与此同时为下一次的任务学习做好准备。

(四)灵活练习法

1. 机械联系

机械练习不需要学生进行太多的思考,只要"依样画葫芦"即可。这种练习很简单,主要用于帮助学生记忆所学句子的语音、语调和句式。机械练习的方式主要有两种:仿说练习和替换练习。

(1)仿说练习

在仿说练习中,通过教师或播放录音为学生读一篇语音材料,然后让学生模仿教师或录音的语音、语调,感知词语、句子的使用。在学生说的过程中,教师要注意检查其说的效果,如语音、语调是否正确,发音是否清晰,表达是否完整等,从而发现其中的问题并予以纠正。

(2)替换练习

在替换练习中,教师可以先给出几个例句,告诉学生替换的是哪些部分,然后让学生用所给出的成分加以替换，如用同类词替换原句中的某个单词，用单词或词组替换原句中的某个单词，变换句中的名词数量，变换句中的动词时态。

2. 复用练习

复用练习是一种围绕课文、教师讲过的材料或情景开展的练习活动。学生必须通过一定的思考来获得答案，这有助于锻炼学生的思考能力。下面介绍几种常见的复用练习方式。

（1）反应练习

在反应练习中，教师可以一边说句子，一边呈现事物、图片或做动作，将所说的内容表现出来，并让学生参与进来。

（2）变换说法

在变换说法的练习中，教师可以提出一个问题，让学生用不同的表达方式进行回答，从而丰富学生的表达方式，开拓学生的思维，提高学生对语言的掌控能力。

（3）组句练习

在组句练习中，教师可以让学生用重点练习的词汇、句型等发展对话或说一段话。

（4）扩充句子

在扩充句子练习中，教师可提供一些简短的句子，让学生通过增加定语、状语等句子成分将句子扩充为一个长而复杂的句子。这种练习方式有助于学生循序渐进地提高句子输出质量。

（5）围绕课文进行练习

围绕课文进行练习既可以让学生用课文中的重点单词、词组说一段话，也可以让学生读完课文后回答问题。

3. 活用练习

活用练习和复用练习之间既有相同点，又有不同点。相同点在于二者都需要学生认真思考，重新组织语言。不同点在于，复用练习不能脱离课文，而活用练习则允许学生发挥自己的想象力、创造力，利用课文的内容和语言来描述自己的生活，表达自己的思想和情感，因而练习得更深、更广、更具挑战性。下面介绍两种活用练习的方式。

（1）用课文中的语言叙述自己的生活，即学生读完课文后，可以用课文中的关键词句自己说一段话。例如，学习了关于家庭的课文后，学生也可以介绍一下自己的家庭；学习了关于日本节日的课文后，学生也可以介绍一下中国的传统节日；学习了关于友谊的课文后，学生也可以发表一下自己对友谊的看法。

（2）教师提出议论性问题，学生发表见解，即教师可针对课文中的某个人物、情节或主题提出有争议的问题，让学生自由发表见解。

第三节　高校日语阅读教学

一、日语阅读教学基础知识揭示

（一）日语阅读教学的理论基础

1. 语篇分析理论

（1）语篇分析理论概述

语篇分析兴起于 20 世纪 60 年代中期，又可以被称作话语分析。语篇分析是一门涵盖了多方面知识的交叉学科，吸收了语言学、语用学、人类学、符号学、文体学等相关知识，旨在进行语言研究。

语篇分析理论能够对阅读产生许多积极的作用影响。例如，能够调动读者阅读积极性，能够加深读者对于语篇的了解与掌握，能够帮助读者构建语篇意义。采用语篇分析的阅读教学方法有助于提高学生学习语言的积极性，提高学生构建语篇意义的能力，最终实现有效阅读理解。

对语言进行分析可以从形式入手，也可以从意义入手。其中，从形式入手的领军人物是美国著名语言学家乔姆斯基，他也是"生成学派"的创始人，他认为在对语言进行研究的时候，不仅要研究其语法结构，还要研究其语言构成的渊源。转换—生成语法尤为关注"命题意义"。基于转换—生成理论的语篇分析方法能够帮助读者对长句子进行把握与理解，而该理论也验证了人类具备理解语言的先天性能力，这是其他生物所没有的。基于转换—生成理论的语篇分析方法能够帮助人们发现句子语法的规则，并让这些规则具象化，但其并不涉及语言的相关功能。因此该分析方法只针对句子本身进行分析研究，而不对上下文、语境进行分析。

还有一种语篇分析方法，是用语言来探讨相关事件，从而推动事情的发展。这种分析就需要充分考虑语境了。语境与语言形式之间紧密关联，同时也与意义之间有着极为密切的关系。在功能语言学当中，将语篇作为研究目标，其重要的功能之一是纯理功能。纯理功能又可分为三个部分，分别为概念功能、语篇功能以及人际功能。其中，语篇功能就是在进行语言交流时，将信息融入语言表达当中，明确信息与信息之间的关系，显示发话者所处的语言环境以及信息传递背景。

在功能语言学的相关理论下，语篇分析是一种"解释性活动"，而非"解读性活动"，二者的区别在于，前者旨在解释语篇表达某些内容的背后原因，强调语篇是如何进行意义表达的，而后者旨在帮助读者进行语篇的理解与解读，从而获取其中蕴含的相关信息，更侧重于理解语篇的实际含义。由此可见，"解释性活动"以"解读性活动"为基础，对语篇的理解更加深入透彻。

对语篇进行分析需要从宏观与微观的两个角度进行研究，其中，宏观分析包括了对语篇的背景环境、中心思想等方面的理解研究，而微观分析则包括了对句子结构、语法、词汇等方面的理解研究。这种分析方法不仅重视语言的形式，同时注重语言的功能，有助于读者获得语篇当中蕴含着的完整的信息，同时提高读者理解、分析问题的能力。

（2）语篇分析理论在日语阅读教学中的应用

为了让学生的日语阅读理解能力得到强化，在日语阅读教学当中就需要重视语篇知识的教学，让学生积极参与到对语篇的阅读、分析、研究、推理、归纳、汇总的各个环节当中。为了提高学生的日语阅读理解能力，日语教师在开展阅读教学的过程当中需要做到以下几点。

①引导学生掌握语篇结构，培养他们识别文章主题的能力

阅读的第一步，也是最为基础的一步，就是对词义和句子进行理解，同时把

握语篇的结构。为了提高学生把握语篇结构的能力，在开展日语阅读教学时，教师需要重点培养学生找重点、抓主题的能力，帮助学生对文章主题以及段落的主题句进行提炼。在文章当中，主题句是点睛之笔，承载着作者想要表达的主题思想，汇总着重要的信息。因此，找到了主题句就等于找到了段落的中心含义，掌握了段落的核心内涵，也就明确了文章的主体思想。在教师的引导下，对主题句进行概括与提炼，学生就能够掌握文章的主题，而主题与中心思想，就是文章的灵魂所在，故而掌握了主题与中心思想，也就掌握的文章的意义与内涵。

在此，以日语的文章为例。在日语文章当中，文章的主题一般都呈现在文章标题以及文章首段落当中，而中心思想则往往包含在文章的开始或结尾当中，中间的段落则对主题以及中心思想进行支撑与辅助。在这些起到辅助性作用的段落当中，会存在一个中心论点来对中心思想进行支撑，而这一论点也就是这个段落的主题句。通常情况下主题句存在于段首，但有时候也会存在于段中或段尾。此外，在段落当中还会有用于拓展主题含义的支持句，这一部分相对比较具体，能够对主题进行丰富与完善。

②重视语篇知识教学，有效激活文章的形式图式

在开展日语阅读教学时，为了加深学生对文章的理解与记忆，可以使用生动形象的形式图式来进行辅助教学，而形式图式，也就是"语篇知识教学"。在具体的日语阅读教学过程当中，教师需要引导学生找到文章的立论句、主题句，对文章的层次结构进行深入分析研究。教师需要帮助学生打破词句的限制，激活文章形式图式，加大语篇知识教学力度，形成"自上而下"的阅读习惯，提高阅读效率。

③加强对语篇的衔接和连贯分析，帮助学习者掌握语篇的衔接规律

衔接是语篇的重要特征之一，体现在语篇表层结构上，是一种有形的网络。语法手段与词汇手段都可以对文章进行结构上的衔接，其中，主要的语法手段有省略、替代、照应等，而常用的词汇手段有重复等。在语篇当中，句子与语段之间有着顺序、转折、并列、递进、因果、解释之类的关系，需要依靠大量的衔接手段来进行链接，衔接手段主要是以连接性词语为主。

语篇中的语义关联就是连贯，存在于底层结构，是一种无形的网络，需要依赖逻辑推理来得到实现。为了实现语篇的连贯，衔接关系词的运用十分重要，但同时还要更多依赖理解文章的言外之意，即语篇的背景环境。此外，连贯性的实现还需要建立在作者与读者的双方共识基础之上。在某些情况下，读者的想象力也能够保障语篇的连贯性。

衔接与连贯分析能够帮助学生掌握语句与文章结构之间的连接规律，在日语阅读教学中，教师应当重点强调语篇的衔接手段，引导学生结合语境与背景知识，通过联想与推理，精准掌握作者的写作意图与风格。

④帮助学生了解阅读推理过程，提高他们的逻辑思维能力

所谓推理，即立足于已有的信息，结合自身具备的经验与知识基础，在合理的分析推断下的获取未知信息，最终得出结论的过程。在开展日语阅读教学时，教师需要引导学生了解阅读推理的过程，对相关词汇的内涵进行深入了解与引申，从而领会到文章的言外之意，进而提高学生的阅读能力。

能够影响阅读理解水平的因素有很多，其中逻辑思维能力是重要因素之一。也就是说，学生的逻辑思维能力越强，从文章当中所能获取的信息就越多，对文章的理解也就越深。故而，教师需要强化学生的逻辑思维能力。为了有效提高学生的逻辑思维能力，在实际的阅读教学当中，教师可以针对以下几个方面对学生展开针对性的教导。第一，预测文章内容。教师需要引导学生对文章的标题、插图、逻辑、语境、关键词、主题等方面进行分析研究，从而对文章的内容含义进行推理、分析与预测。第二，猜测生词的含义。在开展日语阅读教学时，教师需要引导学生对词义进行推理与猜测，可以采用的主要手段包括结合上下文、利用同义词、反义词、近义词、标点、构词法等，同时维持思路的连贯，从而提高学生的阅读效率与阅读速度。第三，分析遣词造句。在开展日语阅读教学时需要注意，阅读不能只流于形式与表面，还要充分发挥想象力，利用逻辑推理，结合语言符号对文章的内涵进行深入的了解。例如，教师可以引导学生利用修辞手段对文章的深层内涵进行发掘。第四，对文章的基调进行分析判断。在开展阅读教学时，教师需要确保学生沿着作者的行文思路，对作者的观点倾向进行了解，文章内容观点的褒贬、肯定与否定、客观与主观等。此外，在开展阅读教学活动时，

教师需要对学生强调，要站在作者的立场上去思考问题，设身处地理解文章发生的背景环境，避免主观臆断的发生。

2. 元认知理论

（1）元认知的内涵与结构

美国著名心理学家弗拉威尔（Flavell），对元记忆展开了实验与研究，并于1976年首次提出了元认知的理论与概念。他对元认知进行了如下的定义："它是人关于自己的认知过程及结果或其他相关事情的知识，并包括为完成某项任务或目标，依据认知对象对认知过程进行主动的监测以及连续的调节和协调。"[①] 由此可见，元认知就是认知主体对认知现象的认知，包括了对认知行为的认知、对认知状态的认知以及对情感状态的认知。元认知是认知活动的核心所在，是一种"关于认知的认知"，对认知活动有着极为深远的作用与影响。

元认知主要包括元认知体验、元认知知识以及元认知监控这三个部分。其中，元认知体验是在开展认识活动的过程当中，认知主体所感受到的情感体验，反映在日语阅读活动当中，就是学生对日语文章内容所感受到的理解与不理解以及相关的情感态度。所谓元认知知识，由认知主体知识、任务知识以及策略知识构成，是个体对认知过程与结果的影响因素的认知。其中，认知加工者以及其他与之相关的人的全部知识，总和在一起就是认知主体的知识，既可以是不同个体之间相似的认知知识，也可以是个体内与个体间差异的认知知识。所谓任务知识，指的是对认知活动与认知材料的认识，其中认知活动知识包括了活动的目的、要求与内容，而认知材料知识包括了材料的特性、结构与熟悉度等。策略知识，可以分为条件性知识、陈述性知识以及程序性知识，是认知主体对完成认知任务的策略认知。例如，开展某一项认知活动所需要运用到的认知策略，以及认知策略的使用条件等。而元认知监控，则是指在认知活动过程当中，将认知活动作为检测对象，对其过程进行监测、把控与调节。

元认知体验、元认知知识、元认知监控三者紧密相关却又各具特色。元认知知识是开展一切的基础，通过元认知监控而起作用，如果没有元认知知识，那么

---

① 汪玲，方平，郭德俊.元认知的性质、结构与评定方法[J].心理学动态，1999，7（1）：6-11.

元认知体验与元认知监控也就无法进行。元认知体验是对元认知知识的补充与修正，同时也会作用于元认知监控，对其进行相应的调整。良好的认知体验能够促进认知的过程，激发认知主体的积极性与潜能，从而提升认知效果。元认知监控能够对元认知知识进行补充，同时也能够激发新的元认知体验。

（2）日语阅读需要元认知

从书面材料当中获取其中蕴含着的信息，这一过程就被称为阅读。阅读承载着一系列的认知活动，如词汇识别、语句理解、文章内涵分析等。阅读是阅读者基于自身的知识与经验，对信息材料当中的内容进行解读的过程，因此从本质上而言，阅读是一种人类所特有的认知活动过程。阅读包括了"自上而下"以及"自下而上"两种不同的过程，二者相互作用与影响。影响阅读的因素有许多，主要有内因、外因两种，其中内因包括读者的认知水平、阅读能力、阅读动机与目的等，外因则包括背景知识以及文章结构等。无论是内因还是外因，都能够对阅读的效果产生深远的影响。为了提高阅读效果，读者需要对自己的阅读过程进行监控，从而发现问题，进行有针对性的补救。

在阅读中，涉及的元认知活动主要有：建立目标、调整策略、修正速度、补救失误、评价与评估等。由此可见，阅读离不开元认知，如果想要有效提高自己的阅读水平，成为一个会读书的读者，那么就必须对自己的阅读行为进行监控。

在日语阅读中，语言因素与非语言因素是能够对其产生重要影响的两种因素。其中，语言因素，顾名思义与文字相关，包括了平假名、片假名、与汉字混用文字、日语语法、句法等相关内容；而非语言因素，则指的是日本价值观、文化、话题以及文章结构内容等。虽然在日语当中能够找到许多汉语的痕迹，但与汉语不同，在日语体系当中，大量的助词、助动词应用在表达当中，常常把谓语放在句子的最后面。同时，日本人喜欢用长句，会对句子进行众多的修饰，有些时候甚至会对主语进行省略。此外，中国人与日本人在思维方面也存在着一定的差异，因此中国读者在对日语文章进行阅读理解时会面临着一定的困扰与阻碍，难以准确理解文章当中蕴含着的实际内涵，而引入元认知，则能够有效提升日语阅读效果，提高阅读效率。

（3）日语阅读教学中如何提高学生元认知能力

①提高教师的元认知水平

为了更好地将元认知引入教学课堂，提高阅读教学质量，教师需要先提升自己的元认知水平，对元认知的含义、内涵、组成等方面进行了解与掌握，结合自身知识与经验，对元认知与阅读教学结合的可行性进行调查分析研究。同时对阅读教学策略进行切身感受，如此才能够为引元认知入阅读教学课堂打下良好的基础。只有教师先对元认知有了充分的了解，有了较高的元认知水平，才能将其充分运用到教学实践当中，对如何开展教学做到心中有数，才能够提高学生的元认知水平。

②引导学生掌握元认知知识

学生自身的元认知知识与其自身元认知监控能力息息相关。大部分的学生虽然能够进行阅读并对阅读材料进行领会与总结，但对自身、策略等方面的认知仍存在不足。为此，教师需要对学生进行引导，展开元认知知识的教学与元认知监控，帮助学生提高日语阅读水平。

在开展日语的阅读教学时，教师需要帮助学生对自身进行了解与认知，指引学生对自己有一个清晰的认识，勇于面对与其他人之间的差异。例如，有些人擅长记忆，有些人擅长总结，只有勇于面对这些不同，寻找自身定位，才有助于元认知水平的提升。此外，在认知的方式上不同学生也有着不同的特点，有的学生是辐射性思维，有的是发散性思维，有的是冲动型思维，还有的是思考型思维。为了让学生养成主动制订认知任务、进行信息分析的习惯，教师需要帮助学生厘清任务知识的内涵与相关内容，同时指引他们在学习过程当中进行自我调节与修正。关于策略知识，在日语阅读教学活动中，虽然程序性知识与陈述性知识十分重要，但条件性知识也能为认知策略产生十分重要的影响，能够帮助学生将所学认知策略有效运用在新环境当中。针对认知策略，教师需要传授的是，如何选择阅读策略以及解决问题的相关策略本身。为了实现这一点，教师需要结合不同的教学任务，使用不同的策略，为学生进行详细的讲解与分析，告诉他们在什么情况下需要使用何种不同的策略。例如，教师可以设置一个情境，然后亲身进行示范，提出在日语阅读中常遇到的相关问题，引导学生思考并提出相应的解决策略，然后验证其可行性，接下来将这一过程用简练的总结性语言进行汇总，从而引导学生对这一思考的过程进行复盘，进而完善自己的阅读活动。在材料阅读完成之后，教师还可以有意识地增强学生的元认知体验，让学生对阅读材料进行缩写、改写、复述等，然后对其进行评价，并不断引导其逐渐学会自我评价，以丰富学生的元认知体验。

③创设元认知教学环境

在教学过程中，兴趣是最好的老师。因此，在日语阅读教学过程中，教师需要激发学生的学习兴趣与学习主动性，促使学生自主进行策略的选择与使用。在学习兴趣的影响下，学生也会乐于主动去了解更多的学习策略，从而营造出一个在多种元认知策略作用与影响下的良好教学氛围。

在开展阅读教学时，教师需要有意识地培养学生主动发现问题的能力，为此需要督促学生经常性的进行自我询问与监控。长此以往，学生就能够逐步掌握这些能力，并主动将其运用在阅读实践当中。此外，教师也需要对学生的不良习惯进行纠正，如一遇到不会的词汇就查词典；出声读；用手指一字一句地指着进行辅助阅读等。如果不对学生的这些阅读习惯进行纠正，那么将会严重降低阅读的效率。教师的反馈也能够对学生产生极为深远的影响，甚至影响到阅读是否能够顺利进行。例如，有一些学生缺乏自信，因此教师需要对其进行积极反馈，提升学生自信心，才能有助于帮助学生提高自身的阅读水平。此外，在开展阅读教学时，为了更好地引入元认知策略，教师需要对学生使用元认知策略的行为进行鼓励与支持，从而促使学生更加积极主动地在阅读过程中实施元认知策略。

对元认知的分析与研究有着极高的理论价值，同时对于日语阅读的实践应用也有着极高的应用价值。汉语、日语、英语隶属于不同的语系，因此针对汉语或英语的元认知阅读研究成果往往不适用于日语。如何对日语专业学生的元认知知识、元认知体验、元认知监控等方面进行分析与研究，这就需要广大的日语阅读研究者来解决了。

（二）日语阅读的目的与过程

阅读是一种心理过程，是读者从书面语言当中获取意义与内涵的经过。在这一过程中，读者需要理解文字内涵，需要对文章表层结构进行分析，需要对相关知识进行了解与掌握，需要对信息进行加工、深化、推断与预测，从而实现对语义的深层了解。

1. 阅读的目的

阅读旨在通过阅读而推动目标的达成。克努森（Knudsen）认为，读者怀着不同的阅读目标，其阅读重点、阅读方法、所花费的时间、所耗费的注意力也往往不同。通常情况下，人们认为阅读目的一般分为：查找特定信息与中心思想，学习文本，整合信息、写作（寻找写作所需要的信息）与批判文本，总体理解四类。

（1）查找特定信息与中心思想

阅读以查找特定信息为目的，通常被称为查读或略读，其是以很快的速度有目的地了解和把握读者所需要的内容或关键信息的一种阅读法。在信息时代的日常工作和生活中，查读更能迅速、便捷地获取大量信息。而略读时要求读者有意识地去培养对文本的整体把握能力，采用观其大略的方法，略去次要或无关信息，把握文本的本质特征，获取主要思想，提高阅读效率。在阅读散文文本时，有时会减缓阅读速度去处理一两个句子，以便寻找可能表明正确的页面、部分或章节的线索。同样，略读强调对采样文本的总体理解，是一种很多阅读任务中常见的、有用的技能。本质上，它涉及为定位文本中与中心思想有关的主要信息的位置而使用的各种策略以及最基本的阅读技巧，直至形成中心思想。

（2）学习文本

文本，并不是一个特指的个体，而是一个集合体，用来进行语言的研习。文本是言语行为的一个范例，而言语行为包括了书面语与口语。哥本哈根学派创始人叶姆斯列（Helmslev）认为，所有的语言学材料都可以被汇总成一定格式与类型的文本，用来进行分析与研究，无论是口语还是书面语，无论是长句还是短句，哪怕是只有一个字，也都具有这种特征。这是一种比较广义的对"文本"的定义。对于"文本"，秦秀白先生则认为任何书写下来的任何语言都是文本，与前者相比，这种理论就相对来说比较局限了。

从上述关于文本的定义来看，对文本进行研究理解具有极为重要的作用与意义，贯穿于人的一生。针对文本的学习也有许多类型，如主动学习、被动学习、知识型学习、技能型学习等。而对于日语学习者而言，虽然文本形式各式各样，但大致只分为日本文本与母语文本两种。对于日语文本的学习通常在阅读日语学术和专业文本时出现。学习文本时，由于复读和为了记忆需要使用多种反应策略，所以阅读速度相对于一般阅读来说较慢。为了使文本信息和背景知识相联系，读者学习文本时需要做更多的推理。

（3）整合信息、写作与批判文本

在阅读中整合信息时，读者对于一些相对重要、互补、相互支持或相互矛盾的信息需要进行额外的判断，甚至可能重组一个修辞框架以适应来自复合源的信息。这些技巧不可避免地需要对所阅读的信息进行临界评定，以便读者可以决定整合什么样的信息以及如何整合以达到阅读目标。阅读、写作和批判文本可能是阅读中整合信息任务的变异体。阅读、写作和批判文本需要读者具有从文本中选择、构建和评论信息的能力。二者都代表在普通学术阅读任务中整合信息所需要的阅读能力。

（4）总体理解

当读者熟练并流利地去完成文本的总体理解时，需要快速对文字进行自动处理，需要形成中心思想、总体意义的表达技巧，需要在有限的时间内有效协调许多处理过程。流利的读者往往对于这些能力不以为然，因为这些能力通常自发地显现并运行。如果是流利的读者，自然不需要刻意思考就能够自发地使用这些能力。

然而，在日语环境中，在有限时间内阅读较长文本时，学生在流畅阅读方面所面临的困难凸显了总体理解的复杂性。

文本的总体理解需要读者首先能够对文本进行流利的阅读，而流利的阅读又需要快速对文字进行自动处理，需要形成总体理解的一般意义表达的技巧，需要在有限的时间内有效协调许多处理过程。因此，读者又必须掌握一定的阅读技能和阅读策略。

2. 阅读的过程

阅读的过程一般可以理解为三个层次上的理性或情感上的活动：获取信息、处理信息与创建信息。

（1）获取信息

读者基于文字符号，对传统、现代的信息媒体所传递的内容进行获取，即为获取信息活动。这是阅读当中最为基础，也是最为表层的活动，能够为信息创造、加工、处理提供良好的前提条件。从显著的意义来说，一般的阅读理解指理解文本中的信息并进行适当的诠释。

（2）处理信息

对文本信息进行获取之后，需要对有用、有价值的信息资源进行筛选与加工，这就是处理信息活动，即对所吸收的知识进行改造的过程。

（3）创建信息

读者在前两个活动的基础上，对信息材料进行加工，为信息赋予新的内涵与价值，这就是创建信息活动。除了获取信息和处理信息两个过程外，创建信息更能代表人们所说的阅读理解。作为优秀的读者，需要对文本可能存在的意义作一个总结模型，以对文本意义进行更详尽的诠释。

（三）日语阅读教学的目标和内容

1. 日语阅读教学目标

可将日语阅读目标分成三个层次，具体要求如下。

普通要求：

（1）对一般性题材的日语文章能够做到基本的通读与理解，阅读速度为每分钟200个单词。

（2）对于难度不高、篇幅较长的日语文章，快速阅读需要达到每分钟250个单词。

（3）对普通的阅读材料能够展开寻读与略读。

（4）对于相关专业的日语教材或日语报刊文章，能够借助词典对其中心思想进行把握与理解，同时能够明确相关细节与事实性内容。

（5）对于生活中、工作中常用到的日语应用文体阅读材料进行理解。

（6）在日语阅读过程当中，能够使用合适的、行之有效的阅读方法。

较高要求：

（1）对于刊登在日本国家大众性报刊上的一般性题材的日语文章，能够以每分钟 250 个单词的速度进行阅读。

（2）针对难度适中、篇幅较长的日语文章，快速阅读的速度达到每分钟 300 个单词。

（3）对于相关专业的日语综述性文献，能够精准把握其中的中心思想，理解其中细节包含的信息，明确主要的事实性的内容。

更高要求：

（1）对于有较高难度的日语文章，能够对其中的主旨与细节进行理解。

（2）能够读懂日本报刊刊登的相关文章。

（3）能够轻松理解相关专业的日语文献资料。

2. 日语阅读教学内容

日语阅读教学通常包含以下几个方面的内容。

（1）辨认单词。

（2）猜测陌生词语。

（3）理解句子之间的关系。

（4）理解句子及言语的交际意义。

（5）辨认语篇指示词语。

（6）通过衔接词理解文字各部分之间的意义关系。

（7）从文章细节中理解主题。

（8）将信息图表化。

（9）确定文章语篇的主要观点或主要信息。

（10）总结文章的主要信息。

（11）培养基本的推理技巧。

（12）培养跳读技巧。

二、日语阅读教学的原则

（一）激发兴趣原则

无论是何种学习，只有抓住学生的学习兴趣才能得到最好的效果。因为兴趣是最好的老师，它可以激发一个人对事物的热情，可以调动一个人的积极性。学生对阅读是否有浓厚的兴趣是教学成败的关键，因为只有学生对阅读产生了兴趣，才会积极主动地投入阅读的学习当中。为了有效激发学生的阅读兴趣，教师需要采用多种方式与手段开展教学活动，避免教学落入俗套，打破教学活动的枯燥与无趣，为学生带来新的阅读学习体验，提高学生阅读兴趣，化被动为主动，使学生阅读水平得到有效提升。

（二）因材施教原则

每个学生都有着属于自己的个性，这种差异性能够影响学生的阅读水平。为了使得每一个学生都能够提升自己的阅读水平，掌握相关的阅读技能，教师必须要有针对性的对不同水平的学生进行差异性教学。对于一些阅读成绩不佳，甚至自暴自弃的学生，教师可以先给他们简单的日语阅读材料，并逐步增加难度，让他们看到自己的点滴进步，还要经常表扬鼓励他们，帮助他们重新建立起学习的信心。而对于一些基础好的学生，课堂上的日语阅读常常满足不了他们的阅读欲望，教师应向他们布置一些富有挑战性的阅读任务，以满足其阅读欲望，比如介绍和推荐一些通俗的日本名著等读物。总之，教师要认真分析学生情况，结合每个学生的特点，真正做到因材施教。

（三）速度调节原则

阅读速度和理解能力因人而异。既有阅读速度快、理解能力强的学生，也有阅读速度慢、理解能力差的学生。然而阅读速度的快慢不一定等于理解能力的好坏。在训练阶段，一般性的阅读技能训练以及基础语言知识是需要重点关注的对象，在此阶段，学生的阅读速度需要得到把控，以打好基础为主要目的。随着日语教学进程的发展，阅读速度的设置也需要得到相应的调整，在刚开始进行阅读教学时，阅读速度需要尽可能放慢，从而打牢基础，确保学生对阅读材料充分掌握与理解。当学生日语词汇量变大，所学的语法增加，掌握的阅读技能越来越多，阅读语感增强了之后，阅读速度也会随之而加快。在这个阶段教师就可以进行相应的限时训练，加强训练的强度，进而完成日语阅读教学的目标。在教学过程中，教师需要做到张弛有度，结合教学目标对教学过程进行相应的调整。教师切忌一味地追求提高速度，而忽略了学生对内容的理解程度。

（四）循序渐进原则

学生日语阅读水平的提高不是一朝一夕的事情，日语阅读教学目标的完成更不可能一蹴而就。因此，日语阅读教学需要循序渐进，符合学生发展规律，教师需要制订一个长远的发展规划，对日语教学材料、阅读方法、阅读任务与目标、阅读教学反馈等方面进行全面、细致的调整。鼓励学生寻找适合自己的日语阅读方法，积极引导学生采用适合自己的阅读方法，最终完成日语阅读任务，提高阅读水平。

（五）真实性原则

选择真实材料，即选取由日语母语者编写的材料。日语阅读教学材料需要贴合生活实际，不可过于虚幻，要从学生的日常生活中寻找适合学生日语水平、能引起学生学习兴趣、形式多样的日语阅读材料。

三、日语阅读教学的方法

（一）生态教学模式

1. 生态学教学

（1）生态学教学的基本定义

开展日语阅读教学活动可以运用到生态学的相关观点。所谓生态学教学，就是基于生态学理论，以生态的发展眼光，对复杂的教学问题进行独特的理解，对教学的内容、方法、目标、手段、评价、策略、反馈等方面进行分析，打造良好的科学、和谐、健康、可持续发展的教学模式。进而开展教学实践，形成和谐统一的系统性教育观点，实现学生的健康成长与高效学习。

（2）生态学教学的基本特征

①注重学生可持续发展。对于学生而言，学习并不局限于某一个阶段，终身学习才是所倡导的学习理念，为了实现终身学习，就必须要实现学生的可持续发展。推动学生的可持续发展，需要树立可持续发展目标，帮助学生获取可持续发展的能力，保持旺盛的学习动力，从而实现学生可持续发展的内在诉求与愿望。

②注重教学内容的应用功能。生态学教学贴合人们的实际生活，因此教学内容的现实应用十分重要。在生态学教学课堂当中，需要将日常的生活元素引入其中。例如，利用微信与外教对日语文章进行探讨，利用相关日语阅读 APP 进行电子阅读，每天阅读日语报纸等。这些手段与学生的日常生活紧密相连，能够让学生在日常生活中获取日语阅读知识，消除畏难情绪，从阅读中获取乐趣与成就感，将阅读融到生活当中，成为日常生活中的重要组成部分。

③平等和谐教学相长的新型师生关系的构建。学校是我国教育生态系统中的子系统，而教师与学生是其中重要的两个因子，二者相互影响、相互促进、相互作用，但同时也在教学活动当中保持着独立性，有着各自的主体，承担着各自的职责。只有在这样的教学环境当中，学生和教师之间才能建立起良好的关系，才能获得良好的教学效果。

2. 日语阅读教学生态模式策略

（1）第一课堂环境的合理构建

在生态学教学的理念下，每一个学生的内在素质与特性都需要得到鼓励与支持，虽然他们的内在生态系统不同，并且存在着较大的差异，但是却在学校这一大环境当中实现了和谐与动态平衡。在单一的、填鸭式教学模式中，学生的可持续发展的学习能力无法得到有效提升，只有充分发挥学生积极性，激发学生好奇心，才能够为学生的可持续发展打下良好的基础。课堂环境的合理构建能够有效激发学生的好奇心。首先，需要打造良好的教室硬件设施，构建合理的教室环境。例如，多媒体的位置摆放，板书与课件的使用等。其次，要对班级的容量进行控制，如果人数过多，会增加师生间的距离感，分散教师教学精力，无法满足每个学生的合理诉求。为此，可以实行小班制，容量设置在 15 人左右。小组成员的座位摆放也可以打破传统，可以是环形、圆形、半圆形甚至是月牙形。在阅读教学过程中，可以以小组为单位，进行角色扮演或开展各式各样的课堂游戏，从而充分调动学生的学习积极性，激起日语阅读学习的浪潮。

（2）教师教学主体的转变、教材的合理选编

为了更好地开展生态教学，教师需要对自身素质进行提升。其中，参与系统的培训是有效的手段之一。在培训中，教师能够构建自己的知识体系，丰富自己的知识内容，与时俱进，实现教学技能的提升。教师需要明确自身定位，充分掌握教学当中的生态理念，扮演好属于自己的生态角色。在阅读之前，教师需要让学生对词汇、环境背景以及知识点有一个初步的了解。在课程当中，为了实现师生合作、生生合作，需要对导入材料进行分析研究，选择那些生动形象、趣味性强的材料作为导入材料。在阅读结束之后，教师需要安排相应的活动对学生进行训练，从而掌握日语阅读的技巧。

教材的选编对于生态教学也十分重要。当前许多日语教材已经与时代脱节，过于老旧，因此教师需要具有前瞻性，以发展的眼光选择优良的日语阅读材料。通过使用具有教育意义与指导价值的日语阅读材料，以培养学生爱国情怀、奉献精神以及团结协作等品质，避免学习过于功利性。除了选择优良的阅读教材之外，还要对教材进行灵活运用。为此，教师团队需要基于教材本身，结合当地特色，编写出符合学生认知的阅读教材，并运用到模拟课堂、日语角、第二课堂当中。此外，在对其进行修改与检验之后，该阅读材料也可以在专业的课堂当中进行使用。除此之外，一些优秀的网络材料也可以作为日语阅读材料进行辅助教学。

（3）习得者话语权建立，解除教师的"一言堂"话语霸权

语言学习是教学的目标与媒介。在课堂当中，学生通过教师的语言获取相关信息，学习知识，掌握技能，获得情感认知。所谓阅读，就是对信息进行处理，从而帮助学生认识世界，促进学生思维发展，帮助学生获得良好的学习体验。阅读教学不是独角戏，而是需要多方参与才能够顺利进行的，包括了文本、编者、教师、学生等。在日语阅读教学过程中，教师需要充分发挥学生的主体地位，让学生主动去感悟日语阅读的魅力所在，从而收获阅读的乐趣。

学生需要遵循"与文本对话，与原著作者对话"的学习原则，并以此为基础，

对语篇进行充分的理解与掌握，从而产生自己的相关看法。教师可以突破传统形式的局限，使用日语与学生展开积极的辩论，对文章中的存疑部分进行探讨，从而培养学生的日语语感，丰富学生的日语阅读经验。在课堂教学中，教师的语言能够对学生产生深远的影响，不仅能够影响学生的阅读学习效果，还会对学生思维的发展产生影响。为了加深学生对日本文化的认知，塑造语言世界观，在教学过程中，教师需要使用贴合母语、具有社会背景性以及生活逻辑性的语言展开教学，并偶尔穿插生态学语言进行生态教学。

（4）课堂语言环境的建立采取"与线上结合"的形式

在传统的日语教学当中，学生所能够接触到的有关于日语的学习环境都是由教师打造的，但这远远无法满足学生的学习需求。当前，随着全球化进程的推进，每一个国家都是地球这个大家庭当中的一员，因此对其他国家的语言与文化进行了解十分有必要。但是，每个人的精力是有限的，故而利用互联网成为一个绝佳的语言学习手段。在使用互联网进行语言学习时，需要用到电脑、手机、卡带、电视录像等设备，以展开情景导入，对学生进行教学。此外，教师还可以围绕阅读文章的内容，对日本的时事新闻、历史知识等进行图片展示、声音播报等，对学生的感官进行刺激，从而营造良好的阅读学习氛围，加深学生学习印象，提高学习效率。

（5）建立积极的生态式评价机制

在传统的日语阅读教学过程中，教学评价机制比较单一，主要针对语言的知识结构进行考察，以教师为评价主体，忽视了学生的自身需求。但是，学生也是生态教学的重要组成部分，对教学进行评价需要考虑到学生对知识与技能的学习是否与教学方法达成一致。此外，通过阅读，学生应当能够获取相关信息，具备解决问题的能力，得到知识与技能的强化，最终实现兴趣与价值观的高度统一。

第一，教师要明确鼓励评价机制能够产生的良好作用。学生十分重视教师对自己的评价，哪怕是教师一句不经意间的消极评价，都有可能让学生产生很大的心理负担。在过去的教学当中，对于成绩尤为看重，而生态教学则关注学生本身，注重终身学习与良好学习习惯的培养，遵循循环学习的法则，提高学生学习兴趣，消除学生学习障碍，实现日语阅读学习的可持续性发展。第二，要明确学习者在形成性评价当中的主体性。所谓形成性评价，即在教学过程中，对学生知识与技能掌握情况所进行的测试与评价，其范围可以是一堂课，也可以是一个课题。测试的手段通常包括对学生进行提问、布置课后作业等。形成性评价的运用旨在促进学生的进步与发展，使教师能够及时对学生的学习情况进行掌握，然后对教学方向、教学手段等进行调整与修正，从而进一步提高教学质量。此外，还要大力开展学生的自我评价，在每一个教学环节中，将自我评价表下发给学生，让学生根据自己的实际情况进行填写，从而让学生清晰地认识到自己的不足，也让教师了解到学生的薄弱之处，从而为下次课程教授作好准备。

（二）翻转课堂应用于日语阅读教学

最近几年，翻转课堂逐渐被运用在了高校公共选修课当中。不同于传统的课堂教学模式，翻转课堂充分发挥学生的主导性，使用当前人们习惯的碎片化阅读，激发学生的学习兴趣。在日语教学体系当中，阅读教学是基础课程，然而，在日语的阅读教学课程当中，却常常以教师为主体，这就压制了学生的学习兴趣，从而无法令其日语阅读能力得到有效的提升。

1. 翻转课堂的由来及特点

翻转课堂最早萌芽于2006年，在这一年，被誉为数学教父的萨尔曼·汗将自己讲授最小公倍数概念的视频上传到了互联网，该视频只有大约十分钟，却拉开了翻转课堂的序幕。当前，美国已经有两万余所学校在数学课堂上使用萨尔曼·汗的视频进行数学教学。2007年，林地公园高中的两名化学老师引导学生在家观看教学视频，然后记录下存疑之处，统一在课堂上进行讲解。随着信息的高速发展以及互联网的普及，翻转课堂拉开了教学改革的序幕，并越来越多地被运用到了实际的教学当中。翻转课堂"Inverted Classroom"，也被译为"颠倒课堂"，从名称上就可以看出，这种教学模式颠覆了传统的教学模式。在传统课堂中，以理论讲授为主，教师在课堂上传授给学生理论知识，而学生则在课后进行巩固练习。而翻转课堂则打破了这一模式。在上课之前，学生利用教学视频进行自主学习，将不明白的问题集中起来，在课堂上进行讨论，由教师进行集中性的答疑。翻课堂不仅能够激发学生的主观能动性，还促进了师生、生生之间的交流，使学生对知识点的掌握更加深入、全面。

2. 运用翻转课堂

为了提高学生的日语阅读水平，解决日语阅读教学当中存在的问题，充分发挥学生的主观能动性，需要将翻转课堂引入日语阅读教学课堂中，主要体现在以下几个方面。

（1）引入任务型教学，确保学生完成课前阅读

由于学生的阅读水平具有差异性，学习的主观能动性也有所不同，故而教师需要引入任务型教学，结合不同学生的不同特点，有针对性地布置课前任务，帮助学生明确课程的重难点与学习目标。为了掌握学生课前阅读的完成情况以及对课程内容的了解情况，教师需要引导学生利用PPT进行展示，以检测课前任务是否完成。

（2）开展个性化课堂教学

除了对学生的课前任务进行检查之外，在课堂上，教师还需要结合课堂教学的内容，设置趣味十足的教学环节以激发学生的日语阅读学习兴趣，如情境演绎、辩论赛等。需要注意的是，当学生遇到问题时，教师不要直接进行解答，而是引导学生展开讨论，最终得出结论。只有这样，才能深化学生对日语阅读文章的了解，才能够有效提升学生的日语阅读水平。

（3）进行跟踪巩固

通过上述两个环节，学生对日语阅读有了一个比较初步的了解，但仍旧存在着一定的纰漏。针对这些问题，教师不能轻易将其放过，需要及时进行讲解，并对学生的任务完成情况进行反馈。在课后，教师需要对课堂教学过程进行复盘与总结，对那些知识难点以及易错点进行汇总，以微信语音讲解、线上讨论教学或课后视频的形式进行知识点的巩固。

3. 运用翻转课堂需要注意的问题

（1）教学视频要短且精

翻转课堂的针对性比较强，且视频较短，只有几分钟到十几分钟。教师在制作翻转课堂的教学视频时，要区分开其与传统教学视频的不同特点，要明确翻转

课堂教学视频短且精的特点，以精简的语言对知识点进行汇总与阐述，同时赋予创新元素与趣味元素，提高学生的学习兴趣。

（2）统筹兼顾全体学生

翻转课堂能够解决学生阅读能力的差异化问题，但是由于学生的语言表达能力与理解能力参差不齐，因此任务完成情况仍旧存在着差异性。故而，在课堂教学当中，教师需要兼顾不同层次水平的所有学生，对于能力强的学生，要引导他们对文章的深层含义进行理解与掌握；对于能力一般的学生，要引导他们掌握文章的主旨；对于能力较弱的学生，能够掌握文章主题信息即可。

（3）合理地进行拓展阅读

拓展阅读能够拓宽学生的阅读面，提高学生的日语阅读水平。教师需要根据课文内容、课堂任务完成情况以及时间安排，开展拓展阅读，阅读材料的选择需要结合社会热点与新闻时事，避免学习与现实脱轨。

（三）体验式日语阅读教学

1. 体验式教学概述

以人为本，以学生为中心是人本主义教育观的重点内容。在这一教育观念下，学生的潜能能够得到充分的发挥，个性特点得以保留，学习能力得到充分的发展。体验式教学便是对人本主义教育观的落实与践行。

体验，重点在于个人的参与与感受，是建立在对某一事物的深切理解与感悟的基础上而进行的一系列有意义的活动，是教育学的一个概念。个体亲身参与到实践活动当中，并由此而获得了个人感受，通过这些感受，个体还会进一步对此产生联想与想象。

在课堂教学过程当中，教师根据学生的特点与认知规律，通过情境创设对教学内容进行呈现，从而令学生在亲身体验中提升能力、产生情感、构建知识体系、形成有意义的教学观，这种教学形式就是体验式教学。在体验式教学当中，终极目标就是实现学生个体的发展。为此，需要转变传统的以教师讲授为主的教学模式，摒弃"填鸭式"的教学手段，充分发挥学生的主体性，将课堂还给学生，从而激发学生的主观能动性，积极、自由地提高自己的能力，提高日语阅读水平。

学生是一个不断发展与进步的具有潜力的人，而不是一成不变的被用来灌输知识的容器。学校课堂是学生成长的重要场所，学生的世界观、人生观、价值观、责任心、思辨能力、人格等在此被塑造。因此，必须注重学生的课堂教学体验，将课堂学习变成学生体验的一个重要环节，在不断的体验当中，实现其三观的构建与情感、品格的塑造。在体验式教学中，强调师生关系的平等性，师生之间需要做到相互尊重、相互理解、相互学习、相互信赖，从而实现共同成长。

2. 体验式日语阅读教学策略

开展体验式日语阅读教学，首先要做的就是对阅读材料进行甄别与筛选，提高学生的主观能动性。随着信息化的发展，人们的生活中充斥着越来越多的各式各样的信息，这些信息良莠不齐，因此必须对其进行筛选，不能全盘接受。在开展教学活动时，教师需要引导学生对信息进行辨别，选择需要的、积极的信息，摒弃不好的、无关的信息。为此，教师可以设置一些与教学内容相关的目标节点，安排学生以小组为单位去网络、书籍当中收集所需材料，然后以PPT的形式在课上进行展示。如此，就打破了传统的"填鸭式"教学模式，也突破了传统教学模式下所形成的教育僵局。在传统教学中，教师力图将自己所掌握的一切知识点都传授给学生，在讲台上声嘶力竭，却没有调动起学生的情绪，导致学生提不起学习的兴趣。这样既没有提高教学效果，也造成了教学资源的浪费。而在体验式教学当中，学生的积极性得到了充分的发挥，学生亲自去收集相关材料，制作PPT，对信息知识进行总结，通过亲身体验加深了对知识的理解与感悟，从而对知识点研究得更加透彻，自身能力也得到了提升。在课堂展示中，教师再适时对学生进行鼓励，更能提高学生的自信心，从而激发学生对日语阅读学习的兴趣。体验式日语阅读教学课堂，将学生的被动学习转为主动学习，培养了学生辨别、收集、加工、汇总信息的能力，提高了学生思维活跃度，使课堂教学效果得到大幅度的提升。

其次，在日语阅读教学中，教师需要锻炼学生的思维，培养学生主动思考的习惯。体验式日语阅读教学重视对话，其中包括了师生、生生、学生与阅读文本之间的对话。在传统的日语阅读课堂教学中，教师有着权威性，占据着主导性地位，会对学生的思维产生压制，导致学生很少有时间去进行主动阅读，完全按照老师的步调，按部就班地进行阅读理解，在这种僵化的课堂学习氛围中，学生对于阅读的兴趣也就逐步丧失了。于漪认为，"阅读是生命的活动，是读者个性化的行为，它的第一要义是自主，是全身心的投入。没有读者的自主，文的精魂，文的语言的生命力，进不了读者的心田，读者享受不到遨游在智慧海洋的乐趣，更不用说有所发现，有所创造"①。体验式日语阅读教学充分发挥了学生的阅读主体性。很多日语文章在进行翻译之后，就会丧失原本的韵味，因此，开展体验式日语阅读教学，让学生充分领悟到其中的韵味十分有必要。当学生有了一定的日语基础，并接受了一系列的阅读训练之后，他们便能够领略到日语文章中所蕴涵着的知识、情感、价值观。为了进一步加深学生的阅读体验，教师还可以使用音乐或多媒体图片，渲染氛围，引导学生融入文字所呈现的情境当中，深刻感悟其中蕴含的感情，使学生与文字产生心灵上的共鸣。只有将阅读教学课堂的主动权交还给学生，才能充分发挥学生的学习积极性，促使他们主动去了解文本内容，感悟文本内容，体验文本内容，享受文本内容，才能让他们感受到学习的真正乐趣所在。在教学过程中，学生与教师应当处于一个平等的对话关系，如此才能打造良好的学习氛围。教师需要做到因材施教，针对不同学生的不同情况进行针对性的提问，鼓励学生勇于表达自己的观点与看法，哪怕与教师的观点相悖，也要进行支持与鼓励，并在之后的探讨与辩论当中，得到正确的结论。长此以往，学生就会摆脱权威所带来的限制，从而活跃思维，产生许多新奇的看法，而这些新奇的观点，也会给教师带来新的启发。教学不是简单的知识传授过程，而是师生间相互交流、相互促进、共同成长的过程。每一个学生都是一个独立的个体，其理解能力、理解角度、思维方式等都会存在着差异，因此，当面对同样的阅读文本时，不同的学生会产生不同的理解与感悟，从而获得不同的情感体验。此时，教师可以对学生进行分组，引导他们以小组为单位进行讨论，进行思想上的交流与碰撞，从而提高思维能力。

再次，在日语阅读教学完成之后，要引导学生对学习过程进行反思，布置读后感等相关任务。其实，在当前的日语阅读教学活动当中，许多学生都是从零开始的，他们没有日语阅读的相关基础，仅仅掌握了一定的语法知识，因此很难对

---

① 于漪. 我和语文教学 [M]. 北京：北京人民教育出版社，2003.

文章进行通篇的理解与整体的把握，更别说是感悟文章中蕴含着的人文知识素养与情感了。对于他们而言，一字一句地读完文章便已经很不容易了，如果让他们对文章内容进行提炼，也属实是强人所难了。人们通过文章中的文字符号，结合自身的经验、知识、思维、想象，对其中信息进行提炼，这就是阅读的过程。通过阅读，学生的知识得以丰富，智力得到了进一步的开发，品格也得到了良好的塑造。文章中的文字符号不仅表达了字面含义，更承载了作者的情感与价值观念，传达出耐人寻味的具有民族特色的内涵。日语也是如此，任何一篇日语文章，任何一部日语著作，都蕴含着丰富的内涵，承载着作者对于生命、社会、世界的领悟与体会。只对文章进行简单的阅读理解，学生很难充分感悟到其中蕴含着的深层次内涵。因此，教师需要在日语阅读教学之后，安排学生总结文章内容，布置书写读后感的相关作业，让学生在书写的过程当中，对文章进行深入挖掘，对其中承载的情感进行深层次的领略与感悟。此外，这一过程也能够让学生对所学知识融会贯通，从而提升个人的知识素养。在体验式日语阅读教学当中，写读后感是一个重要的环节，在这一过程中，学生对自己的学习过程进行反思与总结，对所学新的知识内容进行巩固，对课堂教学内容进行拓展，从而获得良好的阅读体验，最终形成自己的看法与见解。

第四节 高校日语写作教学

一、日语写作教学基础知识揭示

（一）日语写作教学研究

1. 日语写作教学的特殊性

不同于"听""说""读"，写作是一种更为高级的综合性学习。如果将其认定为一种技能，运用于练习与测试当中，那么将是一种巨大的浪费。因此，关于写作的教学方法与教学目标，与其他三种技能存在差异，主要体现在以下几个方面。

第一，从语言习得的角度来看，写作能力具有特殊性。阅读和写作都和书面语相关，都不能通过语言习得的过程自然获得，都需要经过专门的教育与学习。而在读写之间，写作能力的培养则更加具有难度。写和说都属于产出型的技能，但是两者之间也不对等，例如会说不一定就会写，因为写作并非简单地将人们说的话落在纸上，学生写作能力的提高不能通过其他语言能力的提高而自然而然地获得。

第二，从语言神经生理基础来看，写作也和其他的语言技能有所不同。人体的大脑神经细胞排列形式不同，所具备的功能也不同。因此"听""说""读""写"四大基本技能也在大脑皮层上分属于不同的管辖区域，分别为视觉言语中枢、听觉言语中枢、书写中枢。同样是进行教学活动，但若是以相同的教学方法开展"听""说""读""写"教学活动，产生的教学效果则往往不甚相同。故而，针对写作的教学要不同于其他技能教学，要有着自己的独特的教学形式。

第三，从写作的过程来看，写作具有自身的特点。在语言的四项技能之中，说和写属于产出型技能，而听和读则属于接受型技能。因此，相比较于"听"与"读"而言，"说"和"写"的主动性与思维性更强；而与"说"相比，"写"又有着独特的特点与特征。对于"说"而言，有着自动化的特征，这是因为"说"受到时空的限制，并且需要当事人马上作出回应。此外，口语当中的单词往往比较简单，句子的结构要求不严格，还可以使用手势、表情、肢体动作、语气等进行辅助表达。而书面语不受时空的限制，书写者能够有较多的时间进行充分的考虑。因此，写作主要是一个自觉的过程，并不要求自动化。另外，写作只能借助文字和符号来表达思想，没有面部表情、手势、身体动作以及语音方面的辅助，也没有即时的反馈。因此，在写作中需要遣词造句，对词汇进行准确的使用，句式结构要符合规范，上下行文要符合逻辑，整体布局要得当。但是，写作的好处在于作者有较多的时间思考，并进行修改。

第四，结合教学中的内容、结构、目的以及心理机制，写作教学与其他技能的教学也有着诸多不同之处。美国著名心理学家加涅曾经把学习划分为以下八种类型，分别为：概念学习、原理学习、辨别学习、连锁学习、信号学习、解决问题学习、语言联想学习和刺激反应学习。写作学习是在概念学习、原理学习、解决问题学习的共同作用下开展的高阶学习活动,因此,那些初级的学习方法自然无法应用于写作的教学当中。

2. 日语写作的过程研究

写作过程的研究分为表达主义和认知主义两个流派。

表达主义者把写作视为与写作结果同样重要的发现真正自我的创造性活动,因此,认为写作教学应该个性化,教学活动要帮助学生发现自我,真正地表达自己的内心情感与思想。学生要多进行记日记和个人自主写作的活动,以便能够自由地写作,并写下尽可能多的文字。由此可以看出,表达主义者更加重视表达的流利性。

认知主义者则把写作视为解决问题的过程,这一思想对第二语言和外语教学中的写作教学产生了更大的影响。与表达主义一样,认知主义也把写作视为迂回的、个性化的、由内在心理活动引导的过程。但是,认知主义更加重视高级思维和解决问题的过程,这些过程包括计划、确定修辞手法、在一个更大的范围内提出问题、解释定义、提出解决方案以及产生令人信服的结论等。根据认知主义的思想,过程教学法重在开发学生内在的心理过程,尤其是写作过程中的认知与元认知策略,其教学包括创造和写前准备、撰写草稿、修改、合作写作、反馈、反馈后的修改和定稿等阶段。认知主义认为,从本质上讲,写作是学生自己学会的,而不是教会的。因此,教师在写作教学中应该尽量减少对学生的干预,而是要创造、提供一种鼓励、合作的环境,以帮助学生表达他们自己的意思。

不论是表达主义还是认知主义,都比较关注写作过程,对写作的心理、思维,语言的机制等深层次结构进行了研究与探索,并由此形成了系统的写作理论。文章并不是一口气就能写成的,因此在进行写作时,需要把注意力放在写作的过程上,要关注到写作的主题,多问自己几个为什么,为什么写,为谁而写,如何去写,如何开头,如何结尾等,在这些关键问题的共同构建下,一篇完整的文章才得以完成。写作的过程在某种程度上而言也是一个交际的过程,在这个过程当中,作者的思想得到了深化,内容与形式得到了转变。

写作,包括了对信息的收集、加工、处理与传递,是一个复杂的感知过程。作者作为写作的主体,首先要利用个人的社会经历及以往的知识、经验,还要考虑写作的目的，据此做出正确的判断。因此，写作教学不应只注重写作过程中狭义写作的那一部分，还要注意作者因素、写作前准备活动、读者因素和信息反馈。为了实现上述的交际过程，需要做到以下两点。一是在写作过程中，为学生留足时间，让其进行充分的思考。二是获得读者反馈，根据读者的建议对文章进行修改，使文章更加全面与完善。

在写作过程中，作者将自己的想法融于文字当中，在不断的润色、详细的阐述下，将其升华为文章中的重要思想，并对读者产生一定的影响。为了实现这一点，就必须要收集丰富的材料来进行分析、比较、加工、研究、概括，从而对文章中的思想观念进行佐证。这个过程也是一个同化适应的过程，将新的事物引入原有认知结构当中，使二者融合，为原有的认知结构赋予了新的内涵。由此可见，在进行写作时，需要从作者的大脑中获取思想作为写作材料，反过来，这一过程又对大脑思维进行了促进。

写作，是将思想具象化，以语言视觉符号的形式进行呈现的过程。在进行写作时，作者不仅需要最大程度地使用自己所掌握的词汇、语法、修辞、社会文化知识、历史背景知识等，还需要考虑到其中的结构性、逻辑性、可行性等；不仅需要正确使用语法，还需要对文字进行润色，使文字表达生动形象，符合语言表达习惯，富有感染力。文章的初稿往往需要进行多次修改，除了对其中的拼写错误、语法错误进行修正之外，还要对文章的结构逻辑进行反复分析，以找到最好的语言表达形式。

（二）日语写作教学基础理论

1. 认知语言学理论

在 20 世纪 80 年代末，认知语言学在欧洲、美国盛行。随着该理论的不断丰富与发展，其研究成果也被应用到了外语教学当中。在日语写作教学当中，认知语言学起到了巨大的影响与作用，具有着十分深远的价值。

（1）认知基本理论

所谓认知语言学，就是利用语言来帮助人们加深对事物的理解。认知语言学基本理论包括以下几个方面：认知语法、认知语音学、认知语义学、结构式语法、神经认知语言学。认知语言学主要特点体现在以下四个方面：第一，在认知语言学理论下，语义建立在主观与客观的充分融合下；第二，人类的语言能力不是单独存在的能力，其与人类的认知水平有着紧密的联系；第三，语言当中的边界并不明确；第四，在语言结构当中，句法尚不完善，词汇、语义、句法三者之间紧密关联，其中以语义为重要部分。

（2）认知语言学在日语写作教学中的应用

①在日语写作词汇教学中的应用

A.隐喻在日语词汇教学中的应用

在人类的语言当中，隐喻现象是语言共有的现象，这自然也包括了日语。在语言表达当中，人们喜欢将抽象的语义转为具象化，用具体的语义进行表达。例如，用时间比作金钱，将人生比作旅途等。在认知语言学当中，隐喻有三种表现形式，分别为比喻、转喻与提喻。其中，比喻基于两种相似的事物，用其中一种事物对另一种事物进行表达；转喻则强调两种事物之间概念上的关联性，两种事物之间存在着紧密的联系；提喻则是利用词语的表层含义来对其深层含义进行表达。

B.基本层次范畴理论在日语词汇教学中的应用

基本层次范畴介于最特殊与最普通二者之间，最为特殊的范畴属于下位范畴，最普遍的范畴则属于上位范畴。例如，水果当中苹果属于基本层次范畴，而苹果当中的红玉苹果就属于下位范畴了。在开展日语词汇教学时，教师需要让学生首先了解什么是基本层次范畴，然后再在学生的脑海中构建上位范畴与下位范畴的概念，从而深化学生对相关概念的掌握与理解。当学生对相关概念有了初步的了解与掌握后，教师就可以开展日语词汇教学了，在教学过程中，教师需要将相同范畴的词汇进行分类汇总，然后进行统一教学，这样做有助于学生对日语词汇的理解与记忆。

②在日语写作语法教学中的运用

在传统的日语教学当中，语法教学占据着主导位置。但是在认知语言学理论当中，则认为语感更为重要。其中日语助动词、格助词的运用以及复杂的表达手法是日语教学当中的重难点。

A. 格助词在日语写作教学中运用

在日语体系当中，当对抽象的语义进行表达时就可以使用到格助词了。每一个格助词都蕴含着丰富的含义，而这些含义在相互作用下组成了一个系统的、以某一"原型"为核心的网络。在教学时，当学生无法明确格助词的含义时，教师就可以告知学生这个格助词的"原型"含义，然后学生就可以以此进行推断，得出这个格助词的相关含义。这种使用格助词的教学方法，能够有效推动日语教学，达到良好的学习效果。

B. 助动词在日语写作教学中的运用

在日语的写作教学中，助动词的使用也能够对其产生重要的积极影响。但是许多助动词有着相似的含义，如何对此进行区分成为了教学过程当中的重难点。对此，教师可以将这些助动词转化为实词，对其实词状态下的含义进行讲解，此时，这些词之间的含义差异就比较大了。之后，再将这些实词进行虚化，转变为语法功能词，结合实词的内涵，就更能够帮助学生进行理解与区分了。

2. 语块理论

（1）语块理论概述

①语块的定义及分类

"语块"有多种表达形式，其也被称为"词块""预制语块""程式化语言""扩展化搭配"等。"语块"这一概念最早由贝克（Becker）于20世纪70年代提出。贝克认为，"语块"是一种语言结构，由多个词构成，兼具词汇与语法特征，有着特殊的话语功能。此后，不同的语法学家对"语块"展开了研究，对其类型进行了不同角度的划分。其中最广为流传且最受认可的是戴凯瑞克（DeCarric）与纳丁格（Nattinger）研究得出的四分法。四分法，顾名思义就是将"语块"划分为四个部分，分别为：聚合词、习惯用语、短语限制语以及句型框架。其中，聚合词就是固定词组，不可进行分割，等同于日语当中"複合語"，如日语当中常用到的"家族連れ"等；习惯用语，指的是形式固定的语块，等同于日语中的"慣用語"，如油を売る；短语限制语的形式比较固定，但是相同类型的词之间可以进行相互替换，等同于日语体系当中的"フレース"，如ギターを弹く；而句型框架，则是指自由度高，能够进行变化的句型，等同于日语当中的"文型"，如

～しこよつて～を受ける。

②语块教学法与二语习得教学

在20世纪90年代，著名的语法学家迈克尔·刘易斯（Michael Lewis）编写了《语块教学法》，在书中，他提出了语块教学法。刘易斯认为，语言由许多的语块构成，而不是传统中认为的由词汇和语法构成。也就是说，人们在使用语言时，依靠事先确定好的语块，并对其进行罗列，然后进行信息的传递，在这种方式下，语言交流也变得更加的方便、便捷。随着社会的发展，这一理论被广泛运用到了二语教学当中，并获得了广大学者与教育者的支持与认可。

（2）语块教学法在低年级日语写作教学中的优势

①提高日语写作表达的准确性

低年级的学生由于日语基础尚不牢固，还没有形成日语思维与日语表达习惯，因此常常出现词汇错误、句式错误、搭配不当等情况。写作是一个复杂的过程，需要作者对自身掌握的词汇、语法、句式、修辞等进行组合，因此对于低年级的学生而言，写作就显得十分困难了。此外，在进行写作时，助词与助动词的使用也存在着许多问题。例如，有些学生会把"大学を卒業する（大学毕业）"误写为"大学から卒業する"。由此可以看出，学生对"卒業する"这种类型的独立词运用准确，几乎不存在误用的情况，但是对其中的助词"を"和"から"则存在着较大的使用问题。这种时候，就需要让学生直接将"大学を卒業する"当做一个语块，进行直接记忆即可，在使用时，可直接进行输出，如此便能有效减少助词误用的情况发生，提高写作的准确性。

②克服母语的负迁移现象

很多低年级的学生还没有养成日语思维，不习惯于用日语思维进行表达，因此，他们在进行写作时，常常会先用汉语对文章进行构思，然后再将其翻译成日语。这也就导致了许多低年级学生的作文当中存在着不少用汉语汉字、词组，以及符合汉语习惯的搭配方式来代替日语单词、词组以及日语习惯下的搭配方式，这种表述方法不符合日语的习惯，因此是一种误用。但是将语块融入其中则可以有效解决这一问题，学生可以直接使用那些地道的、符合日语表达习惯的语块，将其整体运用在写作当中，从而克服汉语的表达思维，减少误用的情况发生。例如，受到汉语思维的影响，许多学生会用"風が大きい"来表达"风大"的含义，用"風が小さい"来表达"风小"的含义，但是，实际上这是错误的，在日语当中，"风大"用"風が強い"来表示，"风小"用"風が弱い"来表示，如果将这两个词汇直接作为语块进行整体记忆，那么在进行使用时，也就可以将其整体从记忆中提出，运用到写作当中，有效避免误用的发生。

③实现写作的高效性

许多低年级的学生在进行写作时，需要耗费大量的时间来进行词汇、语法、句型的选择与组合。但如果将语块引入其中，让语块作为二语学习当中的最小单位，那么，在日常学习当中，学生就能够积累大量的固定或半固定的语块，写作时也就可以将这些语块直接从脑海中提取出来，运用到文章当中，从而提高写作效率，大大减少了遣词造句的时间。

(三)高校日语写作教学的内容

1. 结构

（1）谋篇布局

构建文章的结构，是写作的基础，可见在写作过程中，谋篇布局十分重要。学生必须充分了解不同题材、不同体裁下的文章所适合的谋篇布局形式，并以此为基础进行习作。谋篇布局不是一成不变的，而是根据题材和体裁的不同而发生变化。在不同的文章中，主题句、扩展句及结论句的作用是不尽相同的。例如，在议论性的文章当中，主题句用以表达观点；拓展句用以阐述理由与原因，按照说明的顺序来对细节性内容进行展开说明；结论句用以重述观点并对全文进行总结。而在说明性的文章当中，主题句用以对主题进行介绍；拓展句对主题进行细节上的补充，按照时间发展、重要性高低的顺序来进行；结论句用以重述主题，对细节性内容进行概述。

（2）完整统一

所谓完整统一，指的是文章中的所有细节性描述都需要为文章主题而服务，围绕主题陈述和展开，所有的信息都要与主题相关，与内容切题。所有偏离主题的句子都要删除，同时保持文章段落的完整性。

（3）和谐连贯

语句是否和谐连贯是判断一篇文章好坏的标准之一，因此在写作过程中必须注重文章的连贯性和逻辑性，保证句子与句子之间紧密相连，内容之间衔接流畅，段落与段落之间环环相扣，使整篇文章流畅和谐。

保证文章流畅、段落紧密、句子严谨的一种有效方法就是使用恰当的起连接作用的词或词组，这些词或词组的使用可以使行文流畅，并引导读者随着作者的思路去思考问题。此外，过渡语的使用也可以起到增强文章连贯性的作用，但在写作过程中，要注意过渡语既不能不用，也不能滥用。

2. 句式

日语中句式的种类繁多，如倒装句、省略句、强调句等，同时，每一种句式又可以进行变形，且形式多样。在开展写作教学时，教师可以充分利用"示范"与"讨论"的方法，开展练习活动，增强学生对句式的认知，引导学生掌握正确的表达方式。

3. 选词

词语的选择也是日语写作教学的重要内容。选词与个人爱好和兴趣有关，它体现着一个人的写作风格，构建了读者与作者之间的沟通桥梁。语域也是作者在选择词汇时需要重点考虑的因素，如褒义词与贬义词的选择，正式词与非正式词的选择，具体词与概括词的选择，形象词的选择以及拟声词的选择等。此外，词的选择要考虑对象和角色等因素。

4. 拼写与符号

所谓拼写与符号，主要是指单词的正确拼写以及标点符号的规范使用。这些虽是一些细节问题，但仍对写作有着重要的影响，因此构成了日语写作教学的重要内容之一。因此，在设计写作教学方式和内容时应将拼写和符号这些因素考虑进去，以增强写作教学的策略性和有效性。

二、日语写作教学的原则

（一）循序渐进原则

正所谓"冰冻三尺，非一日之寒"，学生的日语写作能力需要不断的学习与积累，才能达到一个较高的水平。在开展日语写作教学时，必须遵循循序渐进的原则，按照由易到难、由浅及深、由简单到复杂的顺序对学生进行科学性的培训。在写作教学中，循序渐进原则包括了两层含义，一是立足于语言本身，按照句子、段落、语篇的顺序来开展写作训练；二是立足于训练活动，针对技能的训练也需要按照由易到难的顺序来开展。针对写作的训练活动主要包括了两种类型，分别为获得技能性活动和使用技能性活动，其中，获得技能性活动旨在培养学生对于语言组织形式的理解，而其中又主要包括两种类型的活动。

1. 抄写

抄写就是学生对语言材料进行模仿性重写的过程，关键在于使单词、标点、语法等保持一致。

2. 简单写作

围绕某一个语法要点而展开的各种书写活动，就是简单写作，其目的在于巩固学生的语法基础。开展技能性活动是为了提升学生的创造力与灵活性，使他们能够在语言的使用当中更加得心应手，但其终极目标还是为开展交际活动而服务。简单写作可分为以下两种。

（1）灵活性训练

所谓灵活性训练，就是让学生按照要求进行写作练习，并在写作过程中对句型进行灵活转换，对句子进行灵活的拓展、合并与润色等。

（2）表达性写作

所谓表达性写作，就是开展符合现实需求的写作训练。教师需要结合学生的实际情况，按照由易到难，由简单到复杂的顺序安排写作教学活动，并在写作过程中对学生进行指导。

（二）采取多种形式的原则

日语的表达手法比较丰富，可以使用不同的句式来对同样的含义进行表达。因此，为了让学生能够掌握更多的语言表达方式，日语写作教学需要遵循采取多种形式的原则。在教学过程中，教师需要引导学生对同一含义的语句采用不同形式的句式来进行表达，这不仅能够促进学生的思维发展，还能够丰富学生的语言知识。

（三）综合各种教学方法的原则

进行日语写作教学需要遵循综合各种教学方法的原则，在此主要介绍结果教学法、过程教学法以及体裁教学法。

在结果教学法中，课堂活动相对来说比较简单，易于学生进行学习，学生很容易从中获得成就感，树立写作的自信。在第二语言教学中，结果教学法能够减弱甚至是消除母语所带来的影响，能够有效提高学生的语言能力。结果教学法在中国得到了广泛的应用，有着比较完善、成熟的教学体系、教学研究成果以及相关教材。但是结果教学法却限制了学生的自由发展，不利于学生发挥自身创造性，对写作的复杂程度认识不足，过于强调文章的句式句型，忽略了文章的思想内涵以及文体风格特征。

在过程教学法中，学生的创造性得到了充分的发挥，写作能力也由此得到了巨大的提升，文章的可读性更强，所蕴含的思想价值也更加丰富。在过程教学法当中，比较重视师生之间的交流，在提高学生写作积极性的同时，也增强了学生的书面表达能力。通过使用过程教学法，学生的日语写作水平很容易达到一个较高的层次。但是，过程教学法忽视了学生的语言能力，在实际的写作过程当中，如果学生遇到了较多的语言障碍，那么就很容易丧失自信心，从而导致写作困难。此外，过程教学法对于教师的要求也较高，教师需要具备较高的文化素养与教学素质，才能胜任过程教学法下的教学工作。

在体裁教学法当中，学生能够充分认识到写作的社会交流属性，有助于学生对客观世界的认识与理解，从而积极参与到社会活动中来。从长远的角度来看，体裁教学法能够有效促进学生创造性思维的发展。但是，在体裁教学法中，学生的写作则会受到体裁的制约与限制，教学过程也受到相关规定的约束。在体裁教学法中，如果教师不具备丰富的想象力，那么很容易会使课堂变得枯燥无趣，消磨学生的学习积极性，弱化学生的创造力，导致学生的文章出现千篇一律的现象。在这种情况下，教师往往不注重语言的创造性训练，而是将教学重点放在了语篇的仿写上，从而使教学课堂出现以语篇为中心的倾向。此外，世界上的文章体裁种类繁多，在课堂教学中不可能对所有的体裁进行讲解与训练，当学生面对没有见过的体裁时，就难以发挥出自身水平，由此可见，体裁教学法存在着一定的局限性。

（四）尊重学生的主体性原则

所谓尊重学生的主体性，就是以学生为中心开展的写作教学。采取多种教学活动，帮助学生积极地参与写作的过程，其中小组讨论就是一种有效的方式。过程教学法成功的关键在于教师组织学生展开小组讨论，并对学生的作文作出及时的反馈。

一个良好的小组讨论需要做到以下三点：第一，覆盖学生全体，全员参与到讨论中来；第二，能够对学生产生促进的作用；第三，在讨论中，能够帮助学生加深对写作的理解。

教师在小组讨论时可以采取以下五种活动。

（1）提问

提问是小组讨论的核心，提问的关键在于其是否得当。首先，问题的次序要得当。其次，提问的方式要得当。教师要确保提出的问题明确清楚。从而从学生的回答当中获取相关信息，对学生的实际能力与水平有一个明确的认知。教师在进行提问之前，要先确定好让学生以何种形式进行回答，可以是书面的形式，也可以是口述的形式。需要注意的是，不可以让学生自由回答，否则极易造成课堂的混乱。在设置问题时，教师需要考虑不同水平层次的学生，设置的问题需要有难度的区分，从而使全体学生都参与到学习的过程中来。恰当利用提问，能够帮助学生对所学知识进行提炼与总结，有助于学生提高自身的写作水平。

（2）卷入式

所谓卷入式，就是在课堂教学中，大多数的时间内都有尽可能多的学生参与到教学活动当中，为全体学生提供参与的机会。例如，让全体学生朗读问题，然后集体进行回答；或者是让学生之间进行相互提问，使双方都能得到练习。

（3）反馈式

在开展小组讨论时，教师需要及时获得学生的反馈信息，这一点对于小组讨论的顺利开展十分重要。在进行小组讨论时，教师要确保所有的学生都能够参与其中，然后结合不同学生的特点，有针对性地对学生进行提问，并随时进行调整。为了收集到学生的反馈信息，教师可以通过巡视对全班进行了解与检查，并从中获取相关信息。

（4）复习式

通过复习，学生可以了解到自己的薄弱之处，从而巩固自身所学。需要注意的是，复习并不是对知识的简单重复，教师需要为复习过程赋予趣味性，保持学生的新鲜感，提高学生的学习兴趣，同时加快授课节奏，防止学生产生厌烦心理。

（5）学生互助式

在写作教学当中，学生之间相互协助、互相促进也能够对学生的写作产生积极的影响。当学生遇到问题时，教师不要直接进行解答，而是要引导学生进行讨论，得出解决办法。此外，教师也可以让学生进行相互问答，或者多人共答一个问题，这样不仅丰富了学生的思路，也教会学生去尊重他人。

讨论的形式与技巧多种多样，可以结合班级容量以及学生的日语水平来进行确定。教师在组织讨论时，可以采用多种技巧，但无论是哪些技巧，都要能够引起学生的学习兴趣，吸引学生参与其中，得到能力的提升。另外，讨论的内容也是可以变化的，教师可以组织学生围绕作文的内容进行讨论，这样可以帮助学生拓展思路，使作文的内容得到充实，言之有物。教师也可以组织学生就文章的格式、结构与体裁进行讨论，引导学生写出格式规范的作文。另外，教师还可以在作文评阅完成之后，针对学生在作文中出现的比较集中的问题进行讨论，以帮助学生进行修改。

三、日语写作教学的方法

（一）交互式教学法

1. 交互式教学模式的特征

（1）以学生的兴趣导向、行为能力为教学活动核心目标

对课堂活动的兴趣是学生学习的动力所在，只有在这样的驱动力的促使下，学生才会积极主动地投入到教学活动当中，克服困难，解决问题，最终完成学习任务。顺利开展交互式教学活动，关键在于确保学生的兴趣与需要解决的问题相统一。在交互式教学模式当中，教学内容被分为五个部分，分别为问题、模型、解决、应用和训练，每一个教学环节都需要学生进行相互合作，并在教师的引导下完成。在交互式教学模式当中，教师承担着总结与引导的相关任务，为了实现学习目标，师生需要搜寻相关资料信息，制订学习计划与策略，充分利用学习资源，从而获得知识与技能的提升。

（2）教学内容设置的情景化、实用性

师生需要共同构建出交互式教学的情境，该情境可以是现实生活当中的某一个活动、方案，也可以是某一个场景。情境的设置需要做到以下两点：第一，能够激发学生的学习积极性，使学生积极主动地参与到教学活动当中；第二，教学内容需要尽可能贴合实际生活，甚至是直接源自于现实生活。新的知识与之前的知识之间需要存在一定的关联，不能差距过大。由此，学生就能够获得与现实社会相关的知识、技能、经验与能力。

（3）学习过程的自主性、协作性

在交互式教学模式当中，尤为重视学生的自主性与主体性，强调学生的主观能动性，看重师生、生生、学生与学习资源之间的交流与协作。在交互式教学当中，教师起到了引导与督促的作用，充分发挥了学生的主观能动性，强化了学生思维能力。不同于其他教学活动，在交互式教学中，必须以小组的形式展开教学，学生需要以小组为单位，在规定的时间内完成教学目标。由此可以看出，在交互式教学当中，人与人之间的交流得以增强，合作意识被强化，学生的探索能力与解决问题的能力得到了提升。在学习过程中，学习不是单纯的对知识内容进行复

制与记忆，而是需要应用于实践，为使用而服务。

2. 交互式教学法在日语写作课中的实施环节

（1）目标内容设计环节

教学目标能够对整个教学过程产生巨大的影响，其既是教学活动的起点，也是教学活动的终点。在交互式教学模式当中，沟通与交流是重要的教学目标。在日语写作教学当中运用交互式教学法，能够全面发展学生的个人素质，打造良好的学习氛围，激发学生的学习兴趣，使学生积极主动地在教学课堂中参与讨论，提出建议，从而掌握更多的知识，也使个人能力得到了提升。为了顺利开展交互式教学，教师需要在课前对授课内容进行深入的了解，明确其中的内涵，设计出具有针对性的问题。写作题目局限性不能过强，难度要适中，有一定的层次感，能够引发学生的学习兴趣。此外，教师还需要结合不同的任务目标，采用不同的方式方法来进行教学。

（2）写作前的热身准备及导入工作

在写作前，首先需要做的是导入，教师可以利用PPT来对写作相关的内容进行展示，然后向学生详细介绍写作的任务目标以及相关话题，介绍完毕后，对写作任务进行简要的说明；其次，组织学生开展语言练习，使学生对话题有一个初步的了解，这一过程不宜太久；最后，结合教学内容，教师选择不同的写作技巧进行教学，如范文讨论法、语类教学法等。在设置写作课题时，教师需要充分结合学生的实际水平，选择与实际生活息息相关的题材，进行写作课题的布置。此外，教师还可以挑选出一些高质量的阅读材料，让学生在规定的时间内读完，然后分析文章的结构、逻辑与写作思路，记录下写作时需要重点关注的内容，然后划分小组进行讨论，从而为学生写作打下良好的基础。

（3）课堂内容设计环节

在交互式教学当中，教师与学生的地位被进一步明确。学生是教学活动的核心，承担着"学习"的任务；而教师，则需要对学生进行督促与引导。学生是知识的构建者，需要为他们提供展示自我的空间，教师要充分发挥其引导的作用，减少说教时间，将大部分时间用于引导学生进行讨论、沟通与交流的过程中。在课堂上，教师需要结合内容，灵活地选择教学方法，如利用PPT，对范文进行展示,并对其中的句式、结构、文体等进行详细的分析,对汉语与日语的语序差异展开对比性教学。为了使学生的文章能够具有层次感,教师需要对文章的结构进行分析讲解。文章有四个组成部分,分别为"开端""叙述""展开"和"结尾",这也就是常说的文章的"起、承、转、合"。在进行写作时,教师也可以引导学生以小组为单位进行写作,并安排小组负责人对小组进行管理。在写作过程中,学生需要时刻审视自己的写作流程,在完成初稿之后,认真对文章进行分析与检查,然后在组内进行交换,组员之间互相检查。这种方法能够有效提升学生的日语写作兴趣与热情,同时还能对学生的合作意识进行培养。

(二)过程教学法

在 20 世纪 60 年代,信息论、认识论、控制论等各种语言理论以及教学法层出不穷,在这一环境下,写作的过程教学法在美国应运而生。经过美国写作协会的大力推广以及相关专家的研究分析,过程教学法被广泛运用到了教学当中,受到很多人的推崇。到了 20 世纪 80 年代,过程教学法被运用到了第二语言写作教学当中,并产生了极大的积极影响。过程教学法强调作者的主体意识与思维,注重交际能力与智能培养,转变了传统中过于重视语法、修辞的写作倾向。

调动作者的主观能动性,注重思维训练,是过程教学法的主要特征。在行为主义心理学理论当中,学习行为本质上而言就是刺激、反应、强化的过程,因此基于行为主义心理学的听说教学法就尤为重视机械操练,但是这种教学法忽略了写作主体,过于强调语言因素与结构的模仿。在 20 世纪 60 年代初,著名心理学家皮亚杰结合发生认识的相关理论,提出了语言学习的认知理论。该理论强调创造性思维的重要性,反对被动、消极地进行教学活动,大力推动学生的主观积极性,认为学习是一种高级的智慧活动,而不仅仅是对相关知识技能的掌握。过程教学法也受到了认知理论的影响,认为写作是一个发现、适应、同化的过程。在认知理论下,运用过程教学法,能够帮助学生写出好的文章,提高学生的写作能力。

过程教学法也受到了交际教学法的影响,将写作教学的内容进行了拓展,不仅包括语言知识,还涵盖了文体、语义、语域、社会文化等多方面内容。写作不仅能培养学生的表达能力，还能培养学生交际、分析读者心理的能力。过程教学法相关理论认为，写作的根本任务在于培养学生的交际能力，因此教学过程需要尽可能生动形象，与实际情境相结合，构建出符合现实交流的课堂教学环境。

过程教学法由以下七个步骤构成。

1. 输入阶段

输入阶段包括进行构思的多种活动：自由联想、列提纲、阅读、听取、调查报告等。自由联想是让学生针对某一主题获得尽可能多的素材，是一种十分有效的思维方式。根据写作的要求与写作主题的安排，教师可以引导学生进行个人思考或小组讨论，自由发散思维，进行联想。然后教师可以让学生口头表达或记录下与写作主题相关的想法。

在输入阶段，获取灵感是关键，学生需要用简短的单词、词组、短句对产生的想法进行记录，不需要过于关注语法、句式结构、修辞等相关问题。获取灵感的阅读材料形式不限，可以是当地报刊，也可以是各种书籍。学生在进行阅读时，突然产生灵感时可以直接记录在空白处，从而提高阅读敏锐性。也可以安排学生参加相关讲座，对其中内容进行记录，以备参考。此外，开展多种收集素材的相关活动，有助于发展学生的思维，激发灵感的产生。

输入阶段也是写作之前的准备阶段。教师可以对学生进行提问，对学生进行启发与引导。结合写作的主题、目的、读者期望、文章理念、观点、态度、立场、文章结构等，以对学生的写作有了初步的了解与掌握。另外，在此阶段，也包括了列提纲的过程。引导学生根据自身的知识水平，结合读者期望，确定自己所写文章将基于何种立场之上，对体裁、题材、中心思想等进行确定。针对上述问题展开集中构思，进行大纲拟定。在撰写大纲时，不需要事无巨细，使用关键词、关键词组或主题句即可。此外，还可以利用数字进行标明，使行文结构更加清晰，帮助学生展开文章书写。

2. 写初稿

初稿的撰写，其实是一个对思想进行整理的过程，在这一过程中，学生得以确定写作的内容。通过上一阶段的准备，学生进入到初稿写作阶段，在这一阶段当中，学生需要使用语言来对自己的想法进行呈现，同时明确文章的目标与方向。为了确保学生的写作能够顺利完成，教师需要对学生的写作过程进行监测，当学生写作出现问题时，及时与学生进行交流与沟通；当学生的写作方向出现偏差时，及时对其进行修正。教师可以充分利用小组探讨、课堂提问等形式，为学生提供反馈信息，以帮助学生顺利完成初稿。在这一阶段中，重点在于内容的表达，而不是对词汇、修辞、句式结构进行调整与润色。撰写初稿，是一个需要反复思考的过程，需要经历构思、修改、再构思、再修改、再构思……的一系列过程，一直到完成初稿。

3. 同学互评

将学生进行分组，每组两到三人，然后根据教师提出的问题对组内成员的文章进行相互点评，评价只涉及内容，不涉及形式。

4. 写二稿

在撰写二稿时，同学的反馈信息十分重要。当同学对自己的文章进行评价，提出反馈性的建议时，学生需要虚心接受，对自己的文章进行审阅，对有问题的地方进行修改。修改方式可以是自己独自进行修改，也可以在小组的讨论与帮助下进行修改。在修改时，需要注意以下问题：文章主旨是否明确，文体选择是否恰当，文字表达是否精确，文章内容是否丰富，文章结构是否合理，表达语法是否正确，句型结构是否无误，写作内容与写作目的之间是否达成了一致，文章的开头和结尾的设置是否合理，文章的细节是否得到了有效的处理，文章论据是否充足条理是否清晰，是否存在拼写错误。

5. 教师批阅

对学生作文中的定义、描述等内容进行指导，并配以相关的练习，就是教师批阅的内容所在。教师需要对学生的二稿阅读三遍，第一遍为通读，即了解文章大概，并列出提纲；第二遍为评价，总结出其中的优缺点，并提出相应的建议；第三遍为错误标记，教师需要用不同颜色的笔对文中出现的错误进行标注，但切记不要用红笔，以免打击学生学习积极性。

6. 师生交流

在课堂上，教师可以对学生进行提问，让学生概述文章大意，对教师在批注中提到的问题进行回答,然后继续就文中的语法进行提问,这就是课堂当中的师生交流。当学生存在普遍性的语法错误时,教师需要安排相应的课程进行解答,总结其中蕴含着的语法知识,并展开针对性的练习。

7. 定稿

所谓定稿,就是学生结合多方建议,对文章进行修改,最终得到作品的终极版本的这一过程。之后学生将笔记、大纲、初稿、成稿一同交给老师,老师在阅读过后进行评价,将初稿与成稿进行对比,分析其中哪些地方得到了改进。

过程教学法相较于结果教学法,更加注重学生的课堂主体性。在过程教学法当中,学生之间能够进行充分的交流与讨论,而教师通过评价,也能与学生展开交流,进而有效促进学生写作水平的提高。由此可见,开展过程教学法的关键在于教师能否组织学生展开讨论以及能否及时对学生的文章进行针对性的反馈。

第四章 高校日语教学的评价体系

在我国的外语教学中,教学评价存在着评价形式单一、用终结性评价代替过程性评价等诸多问题。随着外语教学理论的发展,外语教学评价体系的多元化逐渐取代传统单一的评价形式,这也是世界教学评价的一大趋势。本章主要阐述形成性评价、表现性教学评价、混合式教学评价、"OPI"评价体系。

第一节 形成性评价

一、形成性评价的概念

美国芝加哥大学的斯克里文(Scriven)教授在1967年提出了形成性评价这一概念。1976年,美国著名的心理学家布卢姆(Bloom)将形成性评价运用到教学活动中。国外很多的专家学者从20世纪90年代开始重视形成性评价在教学中的作用。与终结性评价相比,形成性评价注重对学生日常学习过程中的表现、所取得的成绩以及所反映出的情感、态度、策略等方面的发展作出评价,是基于对学生学习全过程的持续观察、记录、反思而做出的发展性评价。我国的研究者从20世纪80年代便对形成性评价展开了研究。万勇在1983年将形成性评价这一理念引入教育领域。1995年,徐组清将形成性评价运用到英语教学实践中。此后,国内掀起了研究形成性评价的热潮。目前,研究形成性评价的路径有三种:第一种,从理论上对形成性评价的内涵、特点、运用于教学的必要性、指导原则、实施方法、作用等方面进行探讨;第二种,从不同课程的角度,研究形成性评价在教学中的应用策略;第三种,利用形成性评价促进教、学的策略研究。

从目前的研究现状来看，国内的研究大多局限在定性分析和描述的层面，对理论和具体操作步骤的介绍较多，而实证类研究较少。另外，目前的研究主要集中在英语教学领域，有关形成性评价在日语教学领域的应用研究不多。尽管英语和日语在教学上有一定的共同点，但是两种语言属于不同的语系，有着各自的特点，教学内容的侧重点和学习方法有着明显的差异，因此有必要探索符合日语教学特点的形成性评价体系下的课堂教学模式。

二、研究形成性评价的意义

近几年，人才竞争越来越激烈，就业形势也越来越严峻，经济社会的发展需要高校在人才培养模式上进行创新，具有跨文化能力的应用型创新型人才受到用人单位的追捧。教育质量的高低对人才培养目标的顺利实现有着直接的影响。因此，通过分析课程需求，合理安排教学内容，实施有效的教学评价，从而正确地进行教学，是日语教育改革和发展的必然选择。日语教育要加大力度研究国际前沿的教学方式，提升课堂教学模式的知识性、互动性、多样性、灵活性、拓展性，启发学生的学习兴趣，提高课堂教学效率。就传统高校教育而言，课程、教学、评价这三者之间形成了线性关系，即由课程计划开始，经过教学，最后以测验结束。在这种评价体系下，考试结果成为衡量学生学习好坏的唯一标准，而忽视了学习过程的重要性。在学生眼里，只看到分数的高低，却看不到自己在哪方面欠缺，更谈不上如何改进。这种评价体系无法真实地反映学生的语言技能，实际交际能力，学习过程中所表现出来的情感、态度、价值观、发展潜能等综合素质。要想让课程、教学、评价三者形成健康的、良性的互动，评价，尤其是日常教学中的发展性评价，应该和教学融为一体。作为教师，应该将课程和教学评价整合起来，体现在日常课堂教学中。这种"嵌入课程"的评价方式，正是将形成性评价运用到课堂教学中，从而全面客观地评价学生的外语综合素质。这种评价方式既对学生的学习过程进行评价，又对教学过程的改进进行评价，体现了教与学的双向评价。形成性评价是为了让学生在现有的基础上不断进步和发展的一种评价方式。它有利于学生养成良好的学习习惯，培养他们的自主学习能力、语言表达能力、协调能力等。对教师来说，借助反馈回来的评价信息，能够及时反思教学中的不足，从而改进教学方法，提高教学质量。

三、形成性评价效果

传统的教学评价基于考试成绩，在这种重结果、轻过程的学习过程中，并不是所有的学生都能够获得鼓励、体验成功的快乐。有的学生失去了学习日语的信心和积极性，学习效率不高。在实施形成性评价的过程中，以学生为教学的主体，实行多元化的评价方法，而不是以分数论英雄，教师以评语、报告的形式呈现形成性评价的结果。这种评价方式维护了学生的自尊心，调动了他们参与教学活动的积极性和主动性。学生不仅成为课堂活动的主体，也是评价活动的主体。特别是那些日语基础比较弱、性格内向的学生，在这种新的评价模式下，他们能够发挥自己的优势，参与到教学活动中来，对自己和同伴进行评价。在整个教学过程中，多元的评价内容能够引导学生把握住学习的重点，掌握正确的学习方式，激发他们的学习动机，从而提高学习力和学习效果。通过多元化的评价方式，比如课前发表、会话表演、小组发表等，学生不仅重视日语基础知识的掌握，还注重培养自己的语言运用能力。经过一个学期，学生普遍反映他们基本克服了听说方面的心理障碍，不仅敢用日语表达了，听说能力也提高了。

除了关注学生的课内学习过程，形成性评价还关注学生的课外学习过程、合作学习能力、综合学习能力。学生的综合素质和综合能力在开展形成性教学评价以后有了明显的提高。在小组合作学习的过程中，学生的团队协作能力、解决问题的能力、创新能力都得到了锻炼并有所提升。同时，教师的教学观念得到了更新，课堂教学紧紧围绕学生开展，教师由传统课堂的主宰者转变为学生学习的引导者、参与者、合作者。教学评价也不再是教师的"一言堂"，而是教师、家长、学生共同参与其中。教师的评价要和日常的教学活动结合起来，根据形成性评价中学生学习效果的反馈，对教学策略、教学方法做出及时的调整。师生之间进行对话的机会越来越多，教师及时掌握了学生的学习情况，了解到他们的学习需求，学生则理解了教师的良苦用心。教师和学生之间建立起了信赖关系，能够有效地促进教与学。

总而言之，在新的教学模式下，师生在教和学方面都得到了改进，真正实现了"双赢"。然而，在开展形成性评价的过程中，还有一些问题有待解决。第一，在多元化的评价体系下，学生虽然作为评价主体参与评价，但是，有一些学生还不能很好地把握评价标准，无法作出准确、合理的评价。第二，教师能否摆脱传统的主导者的角色，在形成性评价过程中拿捏好自己的评价范围，既不能当"甩手掌柜"，也不能过分参与评价。第三，评价目标的合理设定。评价目标具有提供评价依据与记录载体的重要功能，但如何使之设定合理是一个有待解决的问题。若评价目标设定过多，就会增加评价负担，使评价目标难以把握；若评价目标太少，又会影响评价的公正性与全面性。

第二节　表现性教学评价

一、学习目标与表现性评价

传统的日语学习目标重视语言知识的传授，以终结性评价来检测学生的学习结果，无法对学生的综合能力做出全面的评价。为了改变这种现状，日语专业教育必须从转变教学理念、更新学习目标做起。为了顺应新时代社会对高校人才培养的新需求，我国制定了《普通高等学校本科专业类教学质量国家标准》。按照这个标准，学习目标要求具备三个要素：可观察行为、表现条件、达成标准。可观察行为指的是，通过教学后学生能做什么（能说什么）；表现条件指的是，完成行为所需要的条件，由辅助手段、信息提供、时间限定、情境等组成；达成标准指的是，行为的准确性或者结果满意度。传统的终结性评价无法全面地评估学生实践、解决问题、交流合作等能力，因此需要将表现性评价加入评价体系中，从而对学生的学习过程进行考察。以学习目标为依据，表现性评价由两部分组成，即任务和评价。表现性评价用来检验学习目标的达成度。日语教学中的表现性任务指的是，教师根据学习目标和教材内容，设计真实或者模拟的交际场景以及需要完成的具体行为,让学生运用既有的语言能力,完成实际或者接近于实际交际的各种语言活动、解决生活中的实际问题等。表现性任务包含学习目标的三要素,教师在设计教学任务的时候,需要根据学习目标制订相应的评价标准。围绕着学习目标,表现性评价要求学生重新组合已经掌握的语言知识,在具体情境下通过知识的迁移完成表现性任务。表现性评价不仅重视结果,也重视过程,它对操作行为作出评价。因此,教师在制订评价标准的时候一定要体现出学生完成行为的过程。

二、表现性任务和表现性评价标准

(一)表现性任务的设计

与自然习得环境相比,教室二语习得环境的日语学习进行信息输出和相互交流的机会比较少,教师需要设计与实际交际活动接近的表现性任务,比如演讲、发表、角色扮演会话、完成课题、短剧表演、辩论等,为学生创造开展语言活动的机会。表现性任务需要以明确的语言对行为做出描述,并且对行为过程和行为结果进行测量和评价。例如,以日本国际交流基金《JF日语教育标准2010》(以下简称JF标准)作为参照的标准。JF标准中的JFCan—do设定了日常生活中可能涉及的15个话题,将语言活动分为4大类,即接受理解、信息输出、交流互动、中介语言活动。JFCan—do对语言活动的描述包括行为、条件、话题、场景和对象等要素,并对行为需要达到的标准进行了明确的陈述。表现性任务所需要的要素在JFCan—do的描述中都得到了体现,因此JFCan—do"信息输出"和"交流互动"的各项语言活动可以作为设计表现性任务的参考依据。

(二)表现性评价标准的制订

表现性评价不仅重视过程,也重视结果,教学和评价是整合在一个整体里的。美国评价专家斯蒂金斯(Siggins)认为,任何课堂教学质量最终取决于课堂教学所运用的评价的质量,如果评价能够在课堂层面得到良好的运用,那么学习将会得到极大改善。因此,在设计表现性任务的时候,教师必须制订能够描述学生行为完成的准确性或结果满意度的评价标准。当学生接到任务时，他们能够了解学习目标的具体要求，并围绕学习目标进行各项准备工作、展开学习。教师可以参考 JF 标准来制订评价标准。参照《欧洲语言共同参考框架学习、教学、评估》JF 标准设定六个水平等级（A1、A2、B1、B2、C1、C2）对各等级能够完成的行为进行了具体描述。如果行为的等级相同，则会从内容活动、话题展开、流畅性、词汇语法、发音五个加以细化，并在每一项的下面设置四个明确的档次，即尚需努力、接近目标、达成目标、超越目标，对日语学习者的语言能力、语言活动能力做出全面的评价。教师可以参考 JFCan—do 来制订评价标准。对于各个水平等级的界定，JFCan—do 的评价标准是非常严格的。教师在对学生进行评价的时候，并不需要将学生的语言能力和 JF 标准中的等级去对标，而是要立足教学实际，使同一课程的不同课次具有统一性和连贯性，借鉴 JFCan—do 制订符合我国国情的日语教学的学习目标和学生能力的评价标准。

第三节　混合式教学评价

一、教学功能的分类与评价

作为高校教学中重要的一环，教学评价是绝对不可缺少的，因此，建立一套客观、科学、全面的教学评价体系是高校在实现教学目标的过程中要下大力气做好的一件事情。从近几年国外大学教学评价体系改革的趋势能够看出，评价功能在本质上发生了变革。评价不再仅仅是甄别和选拔学生，而是促进学生潜能、个性、创造力的发展，使每一个学生具有自信心和持续发展的能力。可以说，在培养学生的过程中，教学评价起着很重要的作用。那么教学评价的本质到底是什么呢？有研究者认为，"教学评价是根据教学目标对教学过程和结果进行的价值判断，并服务教学决策的活动，是研究教师教学和学生学习的价值过程"。[①] 从功能来看，教学评价主要分为诊断性评价、过程性评价、终结性评价等。通常情况下，

---

① 冯利英，任良玉，刘益东.高校教师课堂教学效果评价存在的问题及对策[J].上海教育评估研究，2014（02）：19-23.

诊断性评价指的是，教师在讲授具体内容之前，对学生的专业知识、技能水平、概念掌握等综合因素进行预判，为因材施教做充足的准备；过程性评价指的是，教师根据学生在教学过程中的反馈和意见，推进教学；终结性评价指的是，在教学活动结束以后，教师对教学效果作出评价。教学评价是评估教学质量的一个重要指标。

二、构建混合式教学评价体系

教学评价指的是，以教学目标为依据，制订科学的标准，运用一切有效的技术手段，对教学活动及其结果进行测定、衡量，并给以价值判断。经过多年的教学探索，将过程性评价、终结性评价、实践性评价三者结合起来，从课前、课中、课后、考试成绩、比赛考级结果等五个节点构建混合式教学评价体系（表4-3-1）。具体讲解如下。

表 4-3-1　混合式教学评价体系

评价功能	评价标准	评价内容和方式	评价主体	权重（%）
过程性评价	参与度	登陆教学平台频率	教师	5
		教学时长		5
		经验值		5
	互动性	头脑风暴	教师和学生	5
		课堂作答		5
		小组汇报		5
	目标达成	拓展练习完成情况	教师	5
		拓展练习准确率		5
终结性评价	期中考试	综合测试、知识掌握	教师	15
	期末考试			35
实践性评价	日语能力等级考试	专业综合掌握	社会	10
	技能比赛			

（一）过程性评价

从课前、课堂、课后三个节点，过程性评价对学生的学习参与度、互动性、目标达成情况作出评价。通过互联网教学平台的资源上传、问卷、头脑风暴、作业、答疑讨论、经验值统计等功能，教师在教学过程中对学生的学习数据进行收集，据此动态地评价学生线上课前预习阶段、线下课堂讲授阶段、线上课后复习阶段的表现，从而及时掌握学生的学习动态。在线上课前预习阶段，主要评价学生完成教师事先上传到互联网教学平台的预习任务的完成情况。在这个阶段，教师统计学生登录互联网教学平台的次数，观看微视频、微课件的时长，学习平台资源获得的经验值等数据，分析学生参与学习的主动性和积极性，评价学生的学习参与度。在课堂讲授阶段，教师着重评价学生的课堂表现，为了更好地进行师生、生生互动，教师通过头脑风暴、课堂作答、小组合作汇报等方式开展教师评价、学生自评学生互评，对学生的团队合作能力、语言表达能力、自主学习能力进行考察。课后复习阶段是对课堂教学阶段知识的吸收和消化阶段，同时是学生梳理知识点、查漏补缺的阶段。在学生完成并提交互联网平台上发布的课后拓展练习时，教师根据学生的完成度和准确率评价他们学习目标的达成情况。

（二）终结性评价

终结性评价主要以传统的期中、期末考试的形式来进行测试评价。教师可以将期中考试和期末考试作为每学期授课教学效果的终结性评价，主要评价学生对每学期所学知识的掌握情况和综合运用能力。

（三）实践性评价

实践性评价侧重于对学生参加技能类比赛的实际成果、国际日语能力等级考试的通过率展开评价。日语是一门应用型学科，学生在大学期间要参加国际日语能力等级水平考试，也会参加一些省内外各级别技能类比赛。在参加考试及参与比赛的过程中，学生需要运用自己平时所学的日语知识，这不仅测试了他们的日语综合能力，又促使其内化吸收并真正掌握自己所学的知识。教师可以根据这些来评价学生的专业综合素养。

第四节 "OPI"评价体系

一、"OPI"评价体系研究综述

（一）"OPI"概念

"OPI"是 Oral Proficiency Interview 的缩写形式，意为"外语面谈口语能力测试"，它来自美国外语教育协会开展的一对一会话能力测试。"OPI"语言能力测试的评价基准是：在掌握"听""说""读""写"四项基本技能的基础上，从综合课题/应变、情景话题、教科书的类型、语言准确性四方面对个人语言能力进行分析评价。

（二）"OPI"的发展

20世纪80至90年代末，为了测定外语学习者的交流能力水平，英语能力测试"ACTFL-OPI"的语言评价观点受到了各国语言教育者的关注。在日语教学领域，人们也发出了这样的声音：研究运用日语能力的必要性并不在于知识积累的多少。日语教学的关注点在于"培养学习者沟通交流能力"，因此以实践为主的日语交流能力的日语教学模式开始受到越来越多的教师的关注。有的日语研究者以 OPI 的理论概念为基准，主张以语言能力学习为中心，在实践中自然地表达日语能力。他们认为，实践是人们提高日语能力不可或缺的条件。因此，基于 OPI 理念，一些日语学者在对学习者进行日语能力测试的时候，将侧重点放在了学习者的日语实践能力上，逐渐形成了"OPI"日语教学评价体系。

（三）"OPI"的四要素

从本质上讲，"OPI"只是一种会话测试，而不是一种评价方式。但是它能够对人们的语言能力和语言习得的情况做出评价，并且适用各种语言。也就是说，"OPI"可以作为一种语言学习的基准对学习者进行评价。在日语教学中采用"OPI"这种评价体系，要注意以下四个要素。

1. 综合课题／应变

综合课题／应变是对学生学习应变能力的考查。在学习的不同阶段，综合课题／应变有着不同的评价要求。在初级阶段，学生还没有形成日语语言机能，教师可以通过让学生背诵高频语句、常用表达来评价他们掌握日语的程度。在中级阶段，学生能够在教师给出的情境中流利地进行表达。尽管学生可以完成会话，但是他们没有获得会话的主导权。在高级阶段，学生能够进行详细的说明和叙述，并且能够应对突发状况。在超级阶段，学生的表达能够更加深入，利用假设法应对语句的不连贯。

2. 情景话题

以情景话题为评价要素来划分学生的学习水平。在初级阶段，教师宜采用贴近学生生活的寒暄语对他们进行考查。在中级阶段，教师可以采用贴近日常生活的会话。在高级阶段，学生能够使用简略的方式进行会话，并且在正式的场合使用恰当的语言。在超级阶段，无论是在正式的语言环境，还是在非正式的语言环境，学生能够就抽象的、专业的话题展开交流。

3. 教科书的类型

通过日语教科书的类型，对不同阶段的学生进行评价。在初级阶段，应该使用侧重词汇、句子学习的教科书，对学生学习和使用词汇句子方面的能力进行评价。在中级阶段，使用侧重注重学习文章的教科书，对学生阅读文章的能力进行评价。在高级阶段，应该使用培养学生把握文章段落能力的教科书，对学生把握文章段落的能力进行评价。在超级阶段，使用培养学生分析复杂文章段落的能力的教科书，对学生分析复杂文章段落的能力进行评价。

4. 语言准确性

教师可以从"语法""词汇""发音""社会语言学能力""语用能力""流畅性"这六个方面来评价学生语言的准确性。教师将各阶段评价标准的内容整理如下（表4-4-1）。

表 4-4-1 语言准确性的评价基准内容

	语法	词汇	发音
初级	因为只是初步学习一些词、句,所以基本够不上语法学习	使用一些需有意背诵的基础词汇和寒暄用语	由于受母语的强烈影响,学生很不习惯日语发音
中级	能够较好地掌握高频率出现的句子结构	可以使用具体的实用基础词汇	学生逐渐习惯日语发音
高级	可以在会话中使用语法,对段落进行概括和总结	可以运用部分抽象词汇	学生可以听懂并理解日语,但仍会受到母语的一些影响
超级	基础语法的使用基本不会有严重的失误,但对一些不常见的语法的使用会有错误	词汇丰富,可以灵活运用抽象词汇	学生在听、说方面的发音无障碍,受母语影响的痕迹几乎没有了
	社会语言学能力	语用能力	流畅性
初级	仅会使用背诵的语言进行表达	基本没有语用实践能力	语言不流畅
中级	可以运用简体和敬体	不能很顺利地依次转换话题	语言不顺畅的地方很多,很难独立完成流利的会话
高级	有可以进行演讲的水平。敬语方面,只能很好地运用部分敬语	可以很顺畅地相继转换话题	虽然有时会有语言表达不顺畅的情况发生,但是可以独立进行流利的会话交流
超级	可以以浅显易懂的方式表达语言,可以正确地使用敬语	对话题转换、抓住信息主旨、语言关系状态等可以巧妙地灵活运用	所有会话语言都十分流畅

二、"OPI"评价体系的认识

"OPI"评价体系作为一种把握目标达到程度的评价标准,适用评价各种语言的学习。它并不注重知识储备的多少,而是关注语言实践运用能力的掌握情况,突出强调语言实际运用能力的必要性。从 20 世纪 80 年代开始,日语教学开始引入"OPI"评价体系,引起了越来越多的学者和一线教师的关注。学界对"OPI"评价体系的理论研究也比较多,比如 OPI 理论的方式技巧、展示 OPI 理论研究内容的妥当性、OPI 评价体系的教学应用等。由此可以得出这样一个结论,"OPI"

评价体系作为一种日语教学评价体系，其评价方式和评价内容是具有可行性的。"OPI"评价体系适应了时代发展的需要，成为评价社会所需人才的一种基准。另外，有的学者认为，"OPI"理论作为一种评价体系，其体现的教育理论知识应该更具专业化和系统化。"OPI"评价体系在固定化、限定化、项目化等较难解决的评判上存在界限不清和彼此矛盾的不足，因此教师在日语实践教学中应该不断完善"OPI"教学评价体系。

第五章　高校日语教学的思维创新应用

由于传统教学观念的影响，日语课堂教学也呈现出一些显著特征，而日语在很多地方高校还是新兴专业，教师在摸索教学模式的同时还是习惯于自己的传统教学思想开展教学，课堂灌输现象仍然存在，导致学生创新思维能力不足。如何在日语教学中培养学生的思维创新能力，真正地学会日语、用好日语，这是一个值得我们深入思考的问题。基于此，本章从思维创新在日语课堂教学中的应用思路、创新教育在日语教学中的应用、"图书理论+合作学习法"思维在日语教学中的应用以及 OBE 教育理念在日语教学中的应用四个方面进行阐述，力图从思路、理念和实践等角度对高校日语的思维创新应用进行探索。

第一节　思维创新在日语课堂教学中的应用思路

一、以语感带动听、说、读、写活动技能

日语是一门实践性很强的课程，离不开听、说、读、写，说话人准确表达自己的意图，听话人及时适应表达者的语言习惯，准确领会其对具体情景的叙述，这种种情况都受某一情景的限制。创造一个相对宽松、和谐的日语环境，让学生置身于语言表达的氛围中，从而能产生一种意想不到的效果。这种环境的设计要以学习日语知识为目标，以交际能力、素质培养为核心，教师可通过自己的语音、语调、动作、表情、姿态、手势把语言变得更加生动有趣；学生通过看景、听音、会意，使音义直接联系，提高用日语思维的能力。在运用于实际生活的对话中，学生可以分别扮演不同的角色，这样能够有效地消除他们学习日语的心理障碍，

开创敢想、敢说、爱讲的局面。

在表演过程中，以语感带动听、说、读、写活动技能是非常重要的。语言的要素有语音、语调、词汇和语法、语篇，这些都不是单一独立、分割开来的。学生语言能力的发展不仅仅是语言逻辑的训练，也不仅仅是语言规则的推理和演绎，而更重要的是通过语言实践而逐步形成的语言直觉，即语感。语感越强，就越能加速学习和创造性地运用。学生通过大量的口头练习可以不知不觉形成用日语思维的习惯。写是各种创新思维能力的综合表现，对学生用日语思维分析问题、解决问题的能力以及逻辑思维的能力提出了挑战。教师可要求学生每星期写一篇小对话或小短文，或设置某种写作情境，让学生进行写作。学生完成这些任务都离不开语感的支持。因此，形成良好的语感对语言的学习至关重要。

二、通过多种思维训练，增强创新思维的能力

在教学中，教师采用以下方法来培养学生的想象力。

（1）自由对话或小剧表演。在教学中每学完一个对话，除了让学生扮演角色外，还让学生根据所学对话和旧的知识创设情景自编一个新对话。通过这种训练，学生逐渐会从单纯的方法模仿，发展到思维模仿，从而提升学生的思维创新能力。

（2）对话接龙。对话接龙法，就是学生一个接一个相互衔接地编对话，前一个学生所讲的内容是后一个学生所讲内容的基础，后一个学生所讲的内容是对前一个学生所讲内容的延续和发展。

（3）看图说话。看图说话不仅能巩固所学的语言知识，还能训练学生的想象力和语言表达能力，开发学生的发散思维能力。例如，出示一幅某人在家吃早饭的情景图，考虑几分钟，自编一段对话介绍这幅图等等都是有益的手段。

（4）创设质疑情境，这种方法让学生由过去的机械接受向主动探索发展，有利于发展学生的创新个性。进行质疑就是不依赖已有的方法和答案，不轻易认同别人的观点，而通过自己独立思考、判断，提出自己独特的见解，其思维更具挑战性。这种方法摆脱了习惯、权威等定势，打破了传统、经验的束缚和影响，在一定程度上推动了学生的理解与发散思维的发展。

三、变个人竞争为小组合作

小组合作就是教师创设问题情景，学生独立思考、实践或探究发现，在做好准备的基础上，开展结对子或小组讨论或其他活动，进行小组交流合作学习。小组合作能给予学生面对面交谈和独立运用语言的机会，产生信息的交流，并且在双方的交互活动中获得反馈，给予修正。小组活动能使班上更多的学生在同一时间内投入到活动中去，更能营造一种互动的课堂效果和交互的情感气氛，题材更多样，使学生觉得更自由，有更多的选择、更好的机会说他们想说的话，也就更有责任感，更能发挥自主性。例如，学生可以按照自己的意愿选择亚洲、非洲、欧洲等某一洲进行虚拟生活（自然分组），并要求不同选题组的学生把本洲的风土人情或气候特点以双语图解、日文儿歌、日语小品等形式自编自演出来。在这样的合作交流中，学生之间相互启发、相互讨论、学习，思维由集中而发散，又由发散而集中，个人的思维在集体的智慧中得到发展，而让每个学生在小组合作中动手动脑，更是发展其创新思维的有效方法。

总之，在日语课堂中，教师应通过各种途径，从多方面鼓励学生进行创造性思维。这不仅符合启发性教学原则，而且能更有力地促使学生广泛、灵活地思考，增强学生的想象力和应变能力，激发学生的学习欲望，培养学生思维的敏锐性、流畅性、变通性及独创性。同时还能培养学生敢于创新的精神，为学生的智力发展和创新精神的培养提供有效的途径。

第二节　创新教育在日语教学中的应用

创新是一个外来词，是从英文 Innovate（动词）或 Innovation（名词）翻译过来的。根据韦氏词典所下的定义，创新的含义有两点：引入新概念、新东西和革新，即"革故鼎新"（前所未有）与"引入"（并非前所未有）都属于创新。"现代创新之父"，美籍著名奥地利经济学家 J.A. 熊彼德于 1912 年提出创新论。他认为，"新的或重新组合的或再次发现的知识被引入经济系统过程"称为创新。他不仅把创造、重新组合、再次发现视为创新，而且强调"把知识引入经济系统"

才算完成创新过程。这恰好与我国目前教育要解决的两个重点问题——培养创新精神和实践能力不谋而合。创新教育是培养学生再次发现的探索能力、重组知识的综合能力、应用知识解决问题的实践能力和激发其创造能力的一系列教育活动。把创新理论作为指导创新教育的基本原则是非常必要的,这更符合深化教育改革的实际要求。日语教学工作也必须顺应时代的要求,构建新的模式,探索新的途径。日语课堂教学需要创新。时代在发展,形势在变化,日语教学发展不断呈现出新特点,日语课堂教学要适应新情况,解决新问题,就需要在继承以往日语课堂教学的经验和成果的同时善于创新。离开创新,如果简单地沿用过去的思路和办法,日语教学显然难以取得成效。

一、创新教育的特征

创新教育是在创造教育思想的基础上,根据"创造学"和"教育学"原理,针对传统教育中有碍人的创造力提高的问题而提出的。所谓创新教育就是培养学生综合的创新素质,它包括:创新意识与动机(触及的是"想不想"创新的问题)、创造精神(决定"敢不敢"创新)、创新能力(包括创造性思维与创造技能,解决的是"能不能"创新的问题)和创造个性("善不善"创新)等要素。创新教育是通过"创造的引导者"——教师应用创造性思维教学策略提供创造的环境,能激发"创造者"——学生的"创造动机",培养"创造的人格特质",以发挥创造的潜能,而有创造的行为或结果。就其目的而言,创新教育在于启发学生的创造动机,鼓励学生创造地表现,以增进创造才能的发展。就其内涵来看,它是教师通过课程内容及有计划的教学活动,以激发学生创造行为的一种教学模式。就教师本身来讲,创新教育要求教师因时制宜,变化教学方式进行创造性思维教学。

创新的实施过程中充分体现了创新教育的特点,认真深入地研究这些特点,对创新教育的发展起着重要的作用。

(一)教育主体个性化

人人都有创造欲望,人人都有创造性。人的个性差别是不可否认的。教育必须承认这种差异，并赋予每个人自由发挥的机会和权利，让他们通过选择，在自己擅长的方向上去发展，以自己独立理想和优势去超越、去突破、去创造。

（二）师生关系民主化

作为一名教师，不懂得尊重、平等、信任，就不可能真正地去爱护学生。民主、平等、自由、公正是人类社会的永恒追求。教育必须参照这一价值目标，建立一种师生相互理解，相互尊重的关系，使学生从"客体"变为"主体"，乐观而自信，学生才能不"唯上"，敢于发表自己的见解，提出自己的质疑；才会变得生动活泼，积极主动，表现出强烈的求知欲和蓬勃的创造力。

（三）教学评价科学化

教学评价科学化应以重视个性为指导原则，从注重共性转向肯定个性，从知识测验转向多种能力测验，从重结果评价转向重过程评价。教学评价是学校教育的一个子系统，以服务于教学为目的。而现实教学评价系统却严重异化和扭曲。第一，考试成绩被当作追求的目标；第二，考试结果成了教师指责学生、侮辱学生、厚此薄彼的借口；第三，为取得更好的考试成绩，学生违背自己的发展愿望，放弃自身的特长、兴趣，在"书山题海"里耗费自己的精力，在"标准答案"中消磨自己的智慧与灵气。科学评价首先要从注重共性转向尊重个性。人的创造力并非只表现在科学研究领域，它同时也可以表现在政治、商务、管理、组织、艺术、体育等许多领域。尊重个性应成为评价内容的重点，也应成为评价制度改革的指导原则。其次，要从繁杂的知识测验转向一般能力测验，从重结构评价转向重过程评价。

（四）教育方法多样化

教育方法多样化是指教师针对不同的学科、不同的教学内容、不同的学生，应采用多种教学方法与之相适应，切实发展学生的智力，强调启发式教学。随着信息技术的广泛应用，经济社会迅速发展，在创新教育中必须采用新的现代化教学手段，如采用微机和多媒体手段，统构形象的动态和知识来激发学生的学习兴趣和创新意识，促进学生动手能力的发展，从而培养学生的创新能力和实践能力。

二、创新教育在日语教学中的实践探索

基于以上认识，应该说创造性思维能力和实践性技能训练是创新素质教育的核心。就日语教学来说，过去通常的教法是教师滔滔不绝地讲语法、讲词汇，学生被动地听老师灌输。传统的教学方法使学生的主动性和积极性受到限制，更谈不上创新和能力的培养。因此，如何在日语教学中拓宽学生思维的空间，达到知识的传授和综合能力培养的协调一致、同步发展，就显得十分重要。

（一）创设教学气氛，激发学生的创新意识

教师对学生的态度应该是"微笑和点头，专心听他说，鼓励和赞美"。"微笑"代表一种亲密关系，是一种"我不讨厌你"或"我喜欢你"的个体表现；"微笑"是增进师生关系的营养剂，也是教师态度改变的第一步骤。"点头"，表示接纳对方，是一种鼓励，是一种增强，让对方继续表达他的想法。学生看到老师对自己点头，常会受宠若惊，对教师倍感亲切。"专心"是一种专注行为的表现。教师通过眼神、手势、姿态以及适当的口语反应等方式，集中精神与学生沟通。专注行为对学生的影响是鼓励自由地说出他们的观点和想法，也就是说教师尊重学生，对学生的表达有促进作用。"听他说"是一种倾听，除了用耳朵听学生的话外，更要用眼睛注视学生。"听"也是解决问题的新方法，在人与人的相处上可以发挥很大的力量。听可以减轻情势的紧张与压力，因为不管是一个多么狂暴、愤怒或冲动的场面，当一方在专心倾听的时候，整个气氛已被缓和了。

（二）培养学生的参与意识和协作精神

教学中要注意发挥教师的指导作用和学生的主体作用。

首先，要为学生提供参与教学的机会，不断激发和引导他们的学习兴趣，为他们提供更多的思考和创造的时间和空间。例如，在日语教学过程中可以设计这样一个游戏：传话筒。全班可以分成四大组，每组的第一位同学是发话人，请后面同学把话传给最后一位同学（受话人），要其干或不干几件事，受话人接到请求后，用具体动作行为表现出来。这个游戏可以在组与组之间进行比赛，看谁把话传得快、传得对，而且表演正确。这样的教法和学法，会引发学生跃跃欲试的

心理，学生在亲自参与活动获得成功的过程中，能体验到成功的喜悦。

其次，要加强课堂讨论，强化学生的竞争意识和创新意识，培养学生提出问题和解决问题的能力。

如在日语教学中可以设计一个任务：让学生介绍自己最喜欢的国家。

活动时间：学完"综合技能"后。

活动形式：（1）通过小组讨论决定将要介绍的国家、介绍形式和个人任务。（2）个人活动。根据个人任务查找有关资料并起草讲稿或列出讲话提纲。（3）小组活动。整合、排练小组介绍。（4）班级活动。小组介绍任务完成情况并作出评价。通过任务，培养学生主动学习能力；通过小组合作，建立同学之间协作学习方式，进而提高学习效率；通过交流，学生可以接触到同一话题的多种信息，扩大知识面。

再次，将日语游戏引入课堂，在游戏中培养学生的想象力及参与意识。日语课堂教学活动，不仅是语言知识的传授和能力的训练，更重要的是师生之间、学生之间在信息传递和情感交流中思维的碰撞，以及新信息的获取。课堂上开展小组等教学活动，要以小组成员合作性活动为主体，以小组目标达成为标准，以小组成绩奖励为评价依据，师生在小组内相互讨论、评价、启发、激励，从而拓展学生的思维空间，提高学生的创造思维能力。

（三）设疑布阵，激发求知

在教学中教师应善于引导学生于无疑处觅有疑，善于提问激疑，并有意训练学生发现问题的能力。教师可精心设计一组类似的问题，使学生沿着教师引导的逻辑思路步步深入，达到触类旁通的效果，也可使学生按教师的指导自己去发现、探索，并得出结论。教师应鼓励学生质疑问难，培养他们敢于标新立异、别出心裁，敢于逾越常规，敢于想象猜测，敢言别人所未言，敢做别人所未做，宁愿冒犯错误的风险，也不要把自己束缚在一个狭小的框内的创造品格。教师一方面要引导学生经常换个角度看问题，多问几个为什么，以便从多角度探索求异；另一方面，引导学生广泛联想，对他们进行发散性思维训练；再就是帮助学生归纳、总结，发现新问题。

（四）重视学法指导，培养自学能力

教给学生学习方法是优化教育的重要原则。"授人以鱼，不如授人以渔"，教师不仅要教给学生知识，更重要的是教会学生获取知识的方法和本领，以适应竞争日益激烈的社会需要。著名教育家叶圣陶说过"教是为了不需要教""不教是为了养成学生有一辈子自学的能力"[1]。因此，指导学生正确的学习方法，培养良好的学习习惯和自学能力，激发学生学习的积极性是创新教育的关键所在。

培养学生自学能力的途径有：开办日语角、日语演讲比赛、日语晚会等形式。通过这些形式尽可能让学生动脑、动口、动眼、动手，使他们从中受到激励、启发，产生联想、灵感，增添创造意向，训练和培养创新能力。

通过实践可知，日语的自学能力由以下几方面组成。（1）能根据读音规则拼读、拼写日语单词和朗读课文。（2）能独立运用视听手段听懂日语课文并操练日语。（3）能独立回答教师根据课文提出的问题。（4）能独立完成教师提供预习和复习的作业。（5）能独立使用学习工具书和使用电化教学设备。（6）能阅读与所学课文相当的课外读物。（7）具备在预习课文时找出疑难点，并向教师质疑问难的能力。

只有这样，学生才能唤起潜在的创造智能，在意志和信念的推动下，支配自学探索活动，不断更新、深化和充实已获取的知识，为创造性思维的发展奠定基础。

第三节 "图式理论+合作学习法"思维在日语教学中的应用

传统的日语泛读教学过多地关注词汇和语法等语言知识，忽略了培养学生的篇章分析能力；采用以教师为主的"一言堂"教学模式，禁锢了学生大脑，不利于其发散性思维、创新意识的培养，最终导致学生的阅读能力得不到真正提高。"图示理论+合作学习法"是泛读教学改革的有益尝试。

日语泛读课程是大学日语教学的重要部分，主要目标是培养学生的快速阅读

---

[1] 李伟，古永胡.学科教学与创新素养教育[M].长春：吉林教育出版社，2022.

能力，理解文章的深层含义，并能学以致用。但传统日语泛读教学普遍存在两点问题：第一，采用"自下而上"模式，只重视对词汇、语法等语言知识的学习，忽略了语言所承载的文化背景，不注重从整体上把握篇章，陷入"只见树木不见森林"的局面。第二，采用"教师一言堂"模式，学生缺乏主动参与阅读材料的语言环境创设，对文章的理解仅限于表面不能深化。以上问题导致了学生的阅读能力得不到真正提高。突出学生在课堂中的主体地位，提高日语阅读能力是当今日语泛读教学改革的当务之急。"图示理论＋合作学习法"是泛读教学改革的有益尝试。

英国心理学家巴特利特指出"图式是知识的建筑块件"，读者对输入材料中信息的理解建立在他是否具有相关的背景知识与能否及时激活这些知识。根据图示理论，阅读理解是一个读者被激活的相关图式与阅读材料之间双向交流的过程。在此过程中无论是词、句还是对整个篇章的理解都不能仅依赖语言知识（语言图式）。读者的阅读能力由三种图式决定，即语言、内容、形式图式。语言图式指读者头脑中已储存的关于词汇和语法等方面的语言知识。内容图式指读者对阅读材料所涉及的主题或领域的熟悉程度。形式图式指读者对文章体裁的了解程度。

"合作学习法"是以学生为中心，以小组的形式为了共同目标进行的合作性学习。通过在小组中的共同努力、相互促进，最大限度地提高自己和他人的学习效果的一种教学方法。它冲破了传统教学的藩篱，对教师与学生的作用提出了新的要求。

图示理论认为阅读是读者调动大脑中的相关图式对文章进行解码，并将文章信息与读者原有图式进行匹配的过程。因此在日语泛读教学中，教师必须为学生提供他们所缺乏的各种图式并激活已有图式来达到准确阅读的目的。教师要掌握有效地激活图式的方法，即必须调动学生的主观能动性，不要走教师独揽课堂的老路。"合作学习法"是真正实现了以学生为主体的教学。

在"图示理论＋合作学习法"模式中，教师以图示理论为基础分配任务，这使任务的布置不再具有盲目性，学生以小组合作的形式完成任务。在此过程中教师引导学生主动激活与构建大脑中的相关图示，教会他们如何将已有知识和新知识建立联系从而能快速理解文章。该教学法不仅符合学生阅读的认知规律，还充分发挥了合作法的优势。

第四节　OBE 教育理念在日语教学中的应用

随着我国教育教学改革的不断推进，教学中尤其是在专业核心课程的教学中导入 OBE 理念，以学生为主，使学生变被动吸收式学习为主动探究式学习，可充分发挥教学活动的最大效应；结合"互联网+"思维构建新型日语教学环境，既可满足不同层次学生的课程学习需求，又可提高其自主学习能力；多维动态学习评价模式，可提高学生的应用和实践能力，保证学生有效获取学习成果。探索基于 OBE 理念的教学模式改革，对推进当前地方高校转型发展，提高应用型人才培养质量有着重要意义。

随着社会经济发展，我国社会越来越需要的是应用型、复合型的人才。传统教师主动教、学生被动学的教育模式已经无法满足这种需求，新一轮的教学改革势在必行。社会需要创新，经济需要创新，教育更需要创新，如何能够真正做到"以学生为中心"，如何使现代教育更具实用性，是教育界学者们共同关注的问题。

一、OBE 教育模式的概念

OBE（Outcomes-based Education，成果导向教育）教育理念是由美国首先提出来的，之后在美国、澳大利亚、英国、加拿大等国家成了教育改革的主流理念。OBE 教育模式是指以成果产出为导向，通过预期学生所能获得的学习成果和能力，以结果导向进行反向设计教学体系来保证学生达到预期目标的教育模式，即学习产出驱动整个课程活动和学生学习产出评价的模式。

二、OBE 教育理念下的高校教育的特点

（一）以结果为导向，以学生为中心

OBE 教育理念下，主要围绕培养目标、社会需求、教学过程、教学评价、教学管理五大方面设计教学体系，即学生最终会取得什么学习成果、为什么取得、如何取得、如何检验学生是否已经取得了这些学习成果以及如何保证学生获得学习成果和能力。学生最终所取得的成果是评价人才培养是否成功，教育教学质量

是否提升的重要标准。可见此种模式的核心便是要以学生为中心，因而教学设计、资源配置、教学评价等教学环节都要以学生为中心，都要为学生获得成果和能力提供支持。

（二）能力本位，个性化评定

OBE 理念提倡教育应该提供学生适应未来生活的能力，因此，在现代社会，较之培养学生的记忆能力，更应该培养学生对事物理解的认知能力、创新批判性思维的能力、分析与解决开放问题的能力、组织与协同的能力等。并且根据每个学生个体差异，教学可以采用分层次教学，并制定个性化的评定等级，适时进行评定，从而准确掌握学生的学习状态，对教学进行及时修正。

（三）自主学习、合作学习相结合

"互联网+"时代为学生自主学习带来了极大的便利性、快捷性。教师可以通过现代化手段为学生提供学习资源，助力学生达成学习目标，获得学习成果。教师还可给学生下达一些任务，鼓励学生通过团队小组合作的方式，相互交流，互相合作，共同探究，改变以往竞争学习的环境。

三、基于 OBE 理念的专业核心课程教学模式改革的必要性

核心课程是学生在专业学习中必须掌握的知识体系与能力结构的载体，是课程体系中具有核心地位和生成能力的课程。可以说核心课程的教学质量决定了人才培养的质量，核心课程的改革既是高校转型发展中的落脚点又是关键点，其教学改革对其他课程具有示范引领作用。在地方高校向应用型转型发展背景下，传统教学模式已无法更好地满足培养当下社会所需人才的需要，专业核心课程的教学必须进行相应的改革调整。

传统课程教学中存在以下问题。（1）传统日语核心课程教学以教师为中心，多为灌输式学习，教学形式较为单一；偏重基础知识点的讲解，注重学生应试能力，而往往忽略对学生批判性思维能力、跨文化交际能力的培养；知识讲授与创新实践相脱节，而往往导致学生重知识、轻能力的倾向。（2）在传统教学模式下

学生获取知识的来源较单一，教学呈现扁平化，学生对于知识的构建较为被动，搜集处理信息的能力，获取新知识，分析、解决开放问题的能力不强。（3）在传统教学模式下评价主体一元化，评价内容、评价方式单一化、静态化，将学生与学生的关系多置于一种竞争的环境中，在一定程度上限制了学生创新与应用能力的提高，因而改革势在必行。

四、基于 OBE 理念的专业核心课程教学改革与实践探索

首先明确日语专业学生毕业时预期达到的能力指标及毕业五年后应达到的能力目标，日语核心课程的教学内容、教学环节等的设计及课程的学习效果，即课程层面的学习产出要支撑学生毕业能力要求。理论知识方面，预期学生能够掌握对象国的语言、文化、文学等相关知识；专业技能方面，熟练运用日语进行听、说、读、写、译，顺畅与人沟通；个人素养和能力方面，能够具有国际视野，能够具有理解认知能力、跨文化交际能力、思辨能力、创新能力、自主学习与研究能力、团队合作能力等。基于 OBE 理念进行了如下改革与实践。

（一）变灌输式为启发式教学模式

首先更新了教师观念，教师逐步改变了角色，变主为导，如《综合日语》课堂，改变原有单一的教学模式，通过研讨式、启发式教学，让学生真正成为学习的主人，引导学生主动参与日语课堂。改变了既有的知识本位主义，实现了传统的知识本位向知识、能力、文化体验并重的多维目标的转变；重视表演式和探究式情境教学、跨文化教学，以学习者为中心，将日语语言教学与日本文化教学相结合，逐步形成了"输入—互动—训练—输出"的教学范式，使学生的主体作用达到了最优化。通过任务式教学，以任务驱动的方式，将各个知识点导入教学过程中，培养学生思辨能力、创新能力、研究能力、小组合作学习能力等。

（二）利用现代化技术，助力学生达成学习目标

随着教育信息化发展，出现了 MOOC、微课、翻转课堂等许多全新的教学形式。因此，一方面我们利用在线开放课程实践翻转课堂、混合式教学等新型教学

方式，进一步推动日语核心课程教学模式的创新，给学生带来了更大的自主权，在一定程度上实现了分层教学；另一方面建设丰富的数字教育资源，推进日语信息化教学建设与应用，拓宽学生获取知识的途径，使得日语核心课程的教学变得立体化。如针对日语听力课程中存在的语料来源有限、听力内容更新速度较慢的问题，教师选取日本具有权威性的 NHK 新闻、朝日视频新闻、读卖视频新闻以及深受大家喜爱的、适合教学的日剧、日本动漫等。建设学习资源库，为学生搭建便捷的自主化学习平台，帮助学生较快捷地达成学习目标。

（三）构建多维动态学习评价模式

要构建有利于促进学生学习能力发展的，评价主体多元化、评价过程动态化、评价方式多样化的日语评价体系。同时，制定个性化评定等级，学习评价改革以学生为中心，注重发挥学生学习的积极性和自主性，淡化教师评价主体地位，将学生本人、同学等纳入多元评价主体，充分利用诊断性、形成性和总结性评价的优势。采取定量与定性评价相结合的方式，动态、持续考查学生学习活动。根据学习评价和学习效果反馈，教师及时调整教学进度、教学方法等，保证教学质量持续提升。

在日语教学中导入 OBE 教育理念，以培养学生创新精神和实践应用能力为重点，以培养具有复合知识结构的应用型日语人才为目标，在日语专业核心课程中进行一系列改革与创新实践，最终形成了"以生为主，以师为导，以问题为核心"的教学模式；运用"互联网+"思维构建了自主、探究、合作式的日语教学环境；采用了多维动态学习评价模式，在促进学生学习态度、自主学习能力及课堂教学效果提高等方面都产生了积极的作用。总之，基于 OBE 理念的教学模式改革，有利于更好地为社会输送应用型人才，是适合地方院校转型发展需要的可行之路。

参考文献

[1] 张继文，车洁.高职日语教学研究 [M].武汉：武汉大学出版社，2018.

[2] 程青，张虞昕，李红艳.日语教学理论与实践模式研究 [M].长春：吉林人民出版社，2019.

[3] 李明姬.日语教学与思维创新研究 [M].成都：西南交通大学出版社，2017.

[4] 宋琳，艾昕，崔爽.日语教学与文化视角 [M].北京：中国纺织出版社，2020.

[5] 方静，吴翠平，杨景.大学日语教学研究 [M].长春：吉林出版集团股份有限公司，2020.

[6] 张壮.日本文化与日语教学综合探究 [M].长春：吉林出版集团股份有限公司，2022.

[7] 金华.日语语法基础知识与教学研究 [M].广州：华南理工大学出版社，2017.

[8] 董春芹.跨文化视域下的日语教学研究 [M].长春：吉林人民出版社，2019.

[9] 李小俞.中日文化差异与日语教学研究 [M].长春：吉林大学出版社，2019.

[10] 侯占彩.认知语言学视角下的日语教学探究 [M].北京：知识产权出版社，2021.

[11] 韩欣宸，张文敏，张心越，等.关于日语学习者口语能力训练方法的讨论 [J].语言与文化研究，2023，29（04）：93-96.

[12] 铁玉霞.基于建构主义支架理论的日语专业大学生写作资源开发和教学情境设计研究 [J].教师，2023，（20）：54-56.

[13] 周燕.大学日语跨文化交际能力的培养策略 [J].百科知识，2023，（18）：73-74.

[14] 杜云.基于OBE理念的日语基础写作课程"五位一体"混合式教学研究[J].现代职业教育，2023，（16）：41-44.

[15] 张梅.跨文化教育背景下高校日语教学策略研究[J].现代职业教育，2023，（07）：114-117.

[16] 白红梅，何桂花.高校日语教学中培养大学生跨文化交际能力的策略研究[J].太原城市职业技术学院学报，2023，（02）：151-153.

[17] 李明昊.语言技能视域下日语读写结合教学探索[J].中等日语教育，2022，（00）：10-16.

[18] 朱莎.高中日语写作教学实践探究[J].中等日语教育，2022，（00）：115-121.

[19] 杨祎澜.浅谈高中日语零基础词汇教学[J].中等日语教育，2022，（00）：107-114.

[20] 陈梦佳.沉浸式阅读教学模式下的日语阅读教学实践[J].中等日语教育，2022，（00）：190-195.

[21] 张杰.任务型教学法在日语专业语法教学中的实验研究[D].哈尔滨：哈尔滨理工大学，2014.

[22] 袁佳伟.情境教学法在高校日语精读教学中的应用研究[D].长春：长春师范大学，2017.

[23] 李丹.日语委婉语的认知理论研究[D].太原：山西大学，2011.

[24] 张艳.非语法型日语误用及其教学方法探究[D].上海：上海外国语大学，2014.

[25] 杨红丽.日语教学中的文化导入研究[D].济南：山东师范大学，2015.

[26] 石原安美.汉日语序对比与对汉日语教学[D].大连：辽宁师范大学，2013.

[27] 田群群.中国日语教学语法研究[D].大连：大连海事大学，2015.

[28] 夏梦婷.国外日语课堂跨文化交际能力培养研究[D].武汉：华中科技大学，2020.

[29] 张铭.用于日语教学的和语词理据分析[D].北京：北京外国语大学，2018.

[30] 朱彬鑫.任务教学法在大学日语专业会话教学中应用的利弊初探[D].重庆：西南大学，2008.